基礎基本シリーズ③

最新 特別活動論

第3版

高橋知己
原田恵理子 編著
森山賢一

大学教育出版

はじめに

平成28(2016)年に初版を発行してから8年が経過する現在、人工知能（AI)、ビッグデータ等の先端技術が高度化し、かつてない急激な大きな変化に直面する中でSociety5.0を迎えようとしています。そして、第3版の発刊の準備を進めている最中には、新型コロナウイルス感染症が世界中で拡大し、日本の学校では様々な行事や学校教育活動の制限が余儀なくされました。児童生徒は、仲間との体験の時間と機会を持つことを奪われ、以前のような学校生活や日常生活ができなくなっています。いまもなお、その状況が続き、各学校では、子どもたちが心身ともに健康で安全に学校生活を送ることができるよう、先生方が指導の充実を図りながら、日々を過ごしている状況です。そういった中で、学習指導要領は小学校・中学校で全面実施、高等学校では令和4(2022)年度から年次進行で実施と移行期でもあり、様々なことが重なって、教育現場は大変な状況にあったと思われます。

また、知識基盤社会化やグローバル化が進み、他国・異文化との共存や国際協力の必要性が求められ、子どもたちが自らの可能性を信じて未来を切り拓くための資質・能力として「生きぬく力」を育むことがますます重要になってきました。そのため、21世紀を生きる子どもたちの教育の充実を図るためには、「集団活動や体験活動を通して人間形成を図ろうとする教育活動の充実」と同時に、「小中高の発達段階を踏まえた系統性のある特別活動の持続と発展」が重視されています。

そこで、本書はこの観点より、教職課程の学生が生徒指導を行う上での必要な知識の習得と共に教育実践現場でも役立てることができるよう、また、現職の教師が生徒指導を進める上で実践の場に役立てることができるように、特別活動に関する基礎的・基本的な事柄を取り上げて作成しました。

本書ではまず、望ましい集団生活において、社会へ参与する力や人間関係を築く力を育てる特別活動の意義や特質、そして、歴史的位置付けや歴史的変遷について解説しています。特筆すべき点は３点あります。１つ目は、改訂にあたり、平成29(2017)年小学校・中学校、平成30(2018)年高等学校の学習指導要領の基本的な柱となる考え方や「主体的・対話的で深い学び」「カリキュラム・マネジメント」を踏まえていることです。２つ目は、実際の教育現場における学級活動、生徒会活動、学校行事の実践例を踏まえ、これらの活動を進めるための指導計画の在り方について説明していることです。この指導計画を生徒の実態にあわせて作成するために、おさえておきたい発達段階などの人間形成を支える諸理論もまとめています。３つ目は、新たな時代に向けて求められるICTの活用や、グローバリゼーションの進む今日に必要とされる多文化共生教育といった新たな特別活動の展開についても述べていることです。これらを実現可能で教育効果の高い特別活動の構想のためのエッセンスとし、特別活動を含む教師という仕事を、実践的に、多角的な視点から俯瞰できる力を身に付けてほしいと願っています。

そして、本書が教職を目指す学生だけでなく、独自に教師力を高めようとする現役の先生方の自学に役立てていただけると本望です。末筆になりましたが、本書の作成にあたり、筆者らの願いを短期間の中で的確なご助言で支えてくださった大学教育出版代表取締役 佐藤守氏、編集中島美代子氏に御礼を申し上げます。

令和６年３月

東京情報大学教職課程　原田　恵理子

基礎基本シリーズ ③

最新 特別活動論　第3版

目　次

はじめに…… 1

第１章　人間形成と特別活動の教育的意義 …… 11
1　人間形成と特別活動 …… 11
2　特別活動という教育活動とその教育的意義 …… 14
(1) 教育課程上の位置付け　14
(2) 集団活動を特質とした教育活動　15
(3) 実践的な教育活動　16
(4) 発達的特質を踏まえた指導の充実　18
(5) 学校生活や学習の基盤としての集団づくり　19

第２章　特別活動の歴史的変遷 …… 22
1　戦前の特別活動の歴史 …… 22
(1) 近代教育の創始と特別活動　22
(2) 課外活動にみる特別活動の源流　23
(3) 学校行事を中心とした歴史的展開　24
2　戦後の特別活動の歴史
——学習指導要領における特別活動の変遷—— …… 27
(1) 昭和22(1947)年学習指導要領(試案)から
平成20(2008)年学習指導要領まで　27
(2) 平成29、30(2017、2018)年改訂学習指導要領　30

第３章　特別活動の目標と内容 …… 34
1　特別活動の目標 …… 34
(1) 特別活動の第１目標　34
(2) 特別活動の目標と各活動・学校行事の目標との関連　41
2　特別活動の内容相互の関連と教育課程の中での関連 …… 45
(1) 特別活動の内容相互の関連　45
(2) 特別活動と各教科、道徳科及び
総合的な学習(探究)の時間などとの関連　47
(3) 特別活動と生徒指導との関連　49

3　特別活動で育成を目指す資質・能力 …… 51
(1) 育成を目指す資質・能力の明確化　51
(2) 特別活動で育成を目指す資質・能力　52

第４章　学級活動の実践 …… 55
1　学級活動の目標及び内容 …… 55
(1) 小学校における内容　55
(2) 中学校における内容　57
2　学級活動の実践 …… 58
(1) 老人ホームを訪問しよう　59
(2) 訪問計画の立案　60
(3) 喜ばせるために──「踊り」と「合奏」　61
[コラム] 学級活動と他の教科・領域との関連　62
(4) 張り切って練習する子どもたち　63
(5) みどり荘訪問　64
(6) 予定外の出来事　65
3　子どもたちの自主的な学級活動のために …… 66

第５章　児童会・生徒会活動の実践 …… 68
1　児童会・生徒会活動の目標と内容 …… 68
(1) 生徒会活動と児童会活動の目標　68
(2) 児童会活動と生徒会活動の内容　69
2　指導計画作成と内容の取り扱い …… 73
(1) 指導計画作成にあたっての配慮事項　73
(2) 生徒会活動の内容の取り扱い　77
3　実践例（生徒総会実施要項例）…… 80

第６章　学校行事の実践 …… 83
1　学校行事の目標と内容 …… 83
2　中学校における「大運動会」の実践 …… 84
(1) 生徒が主体の校庭大運動会　85
(2) 新入学１年生の「スタンツ」　86

(3) ２年生手作りの「ソーラン」 *87*
(4) ３年生集大成の「行進」 *88*
(5) 教師の抱える不安 *89*
(6) 生徒の変容 *90*

3 学校行事の活用 …… *92*

4 中学校における修学旅行の実践 …… *94*
(1) 修学旅行実行委員会 *94*
(2) 学級での話合い *95*
(3) 合意形成 *96*
(4) 事後指導 *98*
(5) 生徒の変容 *98*

5 学校行事に向けた学級活動指導案の作成及び解説 …… *99*

6 学校行事に向けた学級活動指導案作成ワークシート …… *103*

第７章 特別活動を進めるための指導計画 …… *107*

1 指導計画作成のための配慮事項 …… *107*
(1) 特別活動における児童生徒の主体的・対話的で深い学び *107*
(2) 特別活動の全体計画と
各活動・学校行事の年間指導計画の作成 *108*
(3) 学級（ホームルーム）経営の充実と生徒指導との関連 *110*
(4) 障害のある児童生徒など
学習活動の困難さに応じた指導内容や指導方法 *111*
(5) 道徳科など（道徳教育）との関連 *112*
(6) 就学前教育との関連 *113*

2 内容の取り扱いについての配慮事項 …… *113*
(1) 児童生徒の自発的、自治的な活動の効果的な展開 *113*
(2) 指導内容の重点化と内容間の関連や統合 *114*
(3) ガイダンスとカウンセリングの趣旨を踏まえた指導 *115*
(4) 異年齢集団や幼児、高齢者、障害のある人々との
交流・活動 *115*

3 国旗及び国歌の取り扱い …… *116*

4 特別活動の指導を担当する教師 …… 117
(1) 学級活動・ホームルーム活動の場合 117
(2) 学級活動・ホームルーム活動以外の場合 118
付録1 120
付録2 121

第8章 特別活動の評価 …… 122
1 特別活動における評価規準 …… 122
2 評価の困難さ …… 123
3 パフォーマンス評価 …… 124
(1)「1年生を迎える会」の活動の評価例 125
(2) 評価シートの作成 126
(3) ルーブリックの作成 127
4 ポートフォリオ評価 …… 128
(1) 作品の記録の系統的な蓄積 129
(2) ポートフォリオ評価の実践例 129
5 特別活動における評価のこれから …… 131

第9章 人間形成を支える諸理論 …… 133
1 子どもたちの発達 …… 134
(1) 自己意識 134
(2) 感情の発達 136
(3) 役割取得能力 138
2 子どもをとりまく人間関係 …… 140
(1) ソーシャルスキルの発揮 140
(2) 仲間関係の発達 141

第10章 特別活動の新たな展開 …… 143
1 多文化共生教育 …… 143
2 アクティブ・ラーニング …… 146
(1) 協同学習の実践 147
(2) PBL (Problem Based Learning) 学習 148
(3) 受動的な学習から積極的な学習へ 148

3 ICTを活用した授業 …… 149
4 予防的・開発的教育 …… 151
(1) ソーシャルスキル・トレーニング 152
(2) ピア・サポート 153
(3) 構成的グループ・エンカウンター 154

資 料
学校教育法施行規則 …… 158
学習指導要領【特別活動】 …… 160
小学校学習指導要領比較対照表【特別活動】 …… 175
中学校学習指導要領比較対照表【特別活動】 …… 186
高等学校学習指導要領比較対照表【特別活動】 …… 195

おわりに …… 204

基礎基本シリーズ③

最新 特別活動論　第3版

第1章 人間形成と特別活動の教育的意義

1　人間形成と特別活動

教育の中心問題である変わって変わらないものとは何であるか。すなわち、現象は時代とともに移り変わっていくが、いつも変わらない本質とは何であるか。まさにそれは「人間形成」ということである。

教育のねらいは人間を本来の人間へと高めていくこと、つまりは、人間の形成ということになる。

ドイツの教育哲学者ナトルプ（P. Natorp, 1854～1924）は「言葉の最も完全な意味で人間を人間にまで高めること――いったいこれよりも高い、あるいはこれよりも低い教育の目的がありうるのだろうか。人間を人間へと高め、形成することこそが疑いもなく、教育の究極の目的であって、これ以外に教育の目的は存在しないのである」と言及したが、このことは人間、そして人間の形成はいつも変わらない教育の中心課題であるということである。

人間形成の概念を一般的にみると、時と場所をこえて不変の絶対的なものであるが、周知のとおり、人間の具体的な在り方は、いつでも社会的に、そして歴史的に制約されて変化するといった相対的なものである。したがって、人間形成を抽象的に述べたとしても何ら問題の前進は望めない。社会的状況、歴史的変化などによって今日の人間形成が目指す具体的な人間の在り方として考えることが必要である。

このような人間形成の具現化にあたっては、人間像や人間形成の2つの極、2つの基本方向として、子どもと世の中のかかわりについての2つの見方をより所としている。

その1つは、「子どもを世の中から見る立場」である。これは、世の中で生きていくためには子どもはどうあらねばならないかを問題とする立場であるといえる。したがって、ここでは現実の世の中によって子どもに課せられる社会的要求が最も重視され、一人前の人間として生きていくために必要とされる能力の伸長が教育の要点となる。このような意味での有能性を眼目とする教育を「人間の客観化」としての教育と呼んでいる。

もう1つは、「世の中を子どもから見る立場」である。この観点からすれば、まさに子どもそのものが、教育の中心にすえられることになり、人間性が教育の眼目となる。したがって「人間の主体化」としての教育として位置付けられる。

この「人間の客観化」としての教育と「人間の主体化」としての教育は、これまで時と場所によってそのどちらかが強調されることで、その時代の教育の傾向の特色を形づくってきた。本来は人間形成の2つの極、2つの基本方向である「人間の客観化（有能性)」と、「人間の主体化（人間性)」はバランスを保ち、調和と統一をもって方向付けられるものであればよいが、それどころか対立や矛盾が際立ち、今日においてもバランスの問題がクローズアップされているのも事実である。

我が国においては人間形成の2つの極である「人間の客観化」と「人間の主体化」、つまり、教育の両半分である「有能性」の教育と「人間性」の教育との間のバランスの回復が確認されなければならない。

現在、我が国においても、世界を見渡しても、社会の変化は加速度を増し、非常に複雑で予測が困難な時代となっている。子どもたちにとってはこれからの複雑で変化の激しい社会において、将来、社会的・職業的にしっかりと自立して生きるための「生きる力」が育まれなければならない。近年、特に目覚ましく進んでいるグローバル化や情報化の社会の中では、様々な情報や出来事をしっかりと受け止め、主体的に判断し、自分を社会の中でどのように位置付けるか、社会をどのように描くかを考え、他者と共によりよく生き、課題を解決していくための力がこれまで以上に重要となるであろう。さらに子どもたちは、平和で民主的な国家及び社会の在り方に責任を有する主権者として、また、多様な個性・能力を生かして活躍する自立した人間として、適切な判断や意思決定に基づいて、主体的に社会参画することが強く求められている現在である。

このようなただ中を生きていかなければならない子どもたちにとっては、多様な他者と協働し、創造的に課題を解決する力や、希望や目標をもって生きる態度を身に付けることが必要であることは周知の事実である。学校は人と人がかかわり合うところの一つの社会といってよい。児童生徒は、多様な他者とかかわり合って生き、特に特別活動を通し、学校における生活の向上に努め、多様な他者とかかわり合ってよりよく生きようとすることを学ぶのである。ここであげた資質・能力は、学校教育活動の全体を通して育成されるものである。

特別活動においては、まさに学校での様々な集団活動、ならびに体験的な活動などを通して、児童生徒の人間形成を図ることが特質としてあげられ、きわめて大きな役割を果たす。

平成29(2017)年告示小学校学習指導要領「特別活動」、中学校学習指導要領「特別活動」ならびに、平成30(2018)年告示の高等学校学習指導要領「特別活動」においては、その目標の視点として「人間関係形成」「社会参画」「自己実現」が示されている。これまで述べてきた教育の基本方向を前提に考えると、ここで示されている「特別活動の目標」はまさにこれからの我が国の将来を担う子どもたちの教育において重要な役割を持っているものである。

2　特別活動という教育活動とその教育的意義

(1) 教育課程上の位置付け

我が国の学校教育は、大きく学習指導と生徒指導及び進路指導に区分されている。特別活動は学習指導に位置付けられる。もちろん学習指導の中で生徒指導、進路指導は行われているし、生徒指導、進路指導の中でも学習指導が行われているという共通の部分もある。学習指導の最大の特徴としてあげられるものは文部科学省における「学習指導要領」に準拠して進められることである。それに対して、生徒指導および進路指導は文部科学省が示す「生徒指導提要」「キャリア教育の手引き」に準拠するといった特徴をもつ。学習指導における特別活動の位置付けすなわち教育課程上の位置を、学習指導要領をもとに校種ごとに確認してみたい。

小学校学習指導要領においては「第1章 総則」に続き、「第2章 各教科」とあり、第1節 国語、第2節 社会、第3節 算数、第4節 理科、第5節 生活、第6節 音楽、第7節 図画工作、第8節 家庭、第9節　体育、第10節 外国語と10の教科が示され、「第3章 特別の教科 道徳」「第4章 総合的な学習の時間」「第5章 特別活動」という構成になっている。

中学校学習指導要領においても、特別活動は小学校と同様に1つの章としての位置付けがなされている。

さらに、高等学校学習指導要領においても、「第1章 総則」に続き、「第2章 各学科に共通する各教科」「第3章 主として専門学科において開設される各教科」「第4章 総合的な探究の時間」「第5章 特別活動」という構成になっている。

これらのことからわかるように、小学校・中学校・高等学校などの教育課程は学校教育法施行規則に基づき、各教科、特別の教科道徳（高等学校は除く）、総合的な学習の時間、特別活動の各領域から構成され、特別活動は学校の教育課程に位置付けられている重要な教育活動であるといえる。教育課程の中でも教科の指導においては、教科書を使用した授業展開がなされ、そこでは学習内容が明確に示され、それぞれの教科の特徴も児童生徒に理解されやすい。一方で、総合的な学習の時間をはじめ、特別活動の時間については、学習指導要領に示されている目標や内容は全国共通であるが、実際の指導にあたっては、指導内容、指導方法、学習形態など、各学校の実態や担当教師の指導観、教職観などによって様々な展開がなされている。

特別活動は教科ではなく、活動である。したがって前に述べたように、教科書のない方法による指導が展開されることになる。活動であるから一定の教材の伝達または習得を主としない方法であり、子どもの生活活動そのもの、学習活動そのものの指導を主とする方法であるといえる。したがって、当然このような活動を前もって教科書にまとめることは不可能である。

高久清吉はこれらの活動における「教科書のない方法」について2つの特色をあげている。その第1は、特別の性格をもったカリキュラムを教師自身の手によって作成しなければならないということである。

第2に、子どもの自主的、自発的活動がいつでも大きく前面へと出ていなければならないことである。この2つの特色を踏まえて実践するには、かなり高度な指導方法の熟達が必要となるわけである。

（2）集団活動を特質とした教育活動

われわれは、社会集団の中で活動しているが、それは多種多様な社会集団である。この社会集団が人間形成に重要な働きをなすであろうと考えられるものを清水幾多郎に従って列挙すると、家族集団、遊戯集団、隣人集団、学校集団、職業集団、基礎的社会（国家）という系列があげられる（社会的人間論）。実際においてまず、人は家族集団の中で生まれ、人間形成の最も基礎的な部分をここで身に付けて、次いで遊戯集団において、ほぼ同年輩の子どもたちとの間での接触を通して交際の方法を学び、隣人集団では他人としての成人に接するわけである。

そして一定の年齢に達すれば、学校集団に所属し、意図的、計画的に文化の伝達を受けることになる。学校を卒業すれば、職業集団に属し、職業を通じて有能な成人としての訓練を受け、同時に基礎的社会（国家）の有能なメンバーとしての訓練を受けることになる。

この系列は人間の成長発達の順序に従って通過するであろうと思われる集団の系列であるが、この場合注意されなければならないことは、一つの集団から他の集団へ移っても前者のメンバーであることを完全に放棄するものではないということである。同時に複数の社会集団の中に所属して社会生活を営むことが可能であり、またそれが近代社会生活の特質でもある。児童生徒は家族集団の一員であり、遊戯集団の一員であると同時に、学校集団の一員であることはまさにこれを示している。

学校は一つの小さな社会であって、様々な集団から構成されるのである。特別活動は、各活動、学校行事での様々な集団活動の中で、児童生徒が集団や自己の課題の解決に向けて取り組む活動として位置付けられる。集団の活動の範囲については、学年や学校段階が上がるにつれて広がりをもっていき、社会に出た後の様々な集団や人間関係の中でその資質・能力は生かされていくのである。

（3）実践的な教育活動

特別活動の各活動・学校行事は、一人一人の児童生徒の学級や学校の生活における諸課題への対応をはじめ、課題解決の方法などを自主的、実践的に学ぶ活動内容に特徴をもつ。

特別活動は実際の活動や経験を通して学ぶ、すなわち、「為すことによって学ぶ（learning by doing）」という、体験的、実践的な活動を中心とする学習活動である。

この特別活動における指導の基本である「実践的に学ぶ」ということにかかわって「体験」について述べることにしよう。「体験」という言葉は頻繁に使われているが、この言葉の意味は必ずしも明確にとらえられていない。この意味の把握や、定義にとって大いに参考となるのが、通常「体験」または「体験する」と訳されるドイツ語の本来の意味である。「体験」はドイツ語においては、“Erlebnis”という名詞であり、「体験する」という動詞は“erleben（エアレーベン）”となる。「er」とは古いドイツ語で「根底から」生じ、「内面から」作用するという意味の接頭語であり、これに「生きる、生活する」という意味の“leben”が続いて、“erleben”となると、「生きる」の意味は深まりの方向で強調されて、ただ単に「生きる」というのではなく、「生きている」という実感や充実感を伴った生き方と解釈することができる。

このことを踏まえ、「体験」のもつ教育的意義について考えてみることにする。「体験」とは「自分が身をもって経験する」活動であるが、この活動そのものが教育上、十分な意味と価値をもつことは明らかである。しかし、「体験」のもつ教育的意義の本質は、ただ活動することよりも、この活動を通し、その内面において、子どもが全心を傾けて客観的陶冶財（真理、価値など）と出会い、これをとらえるところから生じる達成感や充実感を味わうことにある。活動に伴う、このような内的感動を「体験の深まり」と呼んでいるのである。

これに対して、身をもって経験する活動の範囲や内容の多様性を「体験の広がり」と呼んでいる。

「体験の広がり」と「深まり」とは無関係とは言えないが、一応、両者を区分するとすれば、体験の教育的価値の決め手となるキーポイントはその「広がり」よりも、「深まり」にあると考えるのである。このような考えに基づき、教育の方法原理としての体験を深浅の２つの層に分け、主として「体験の広がり」を念頭においてこれを「第一の層」とし、主として「体験の深まり」を念頭においてこれを「第二の層」とし、教育の方法原理の基本とみなした「体験」はまさに、「第二の層の体験」であるべきだと考えるのである。すなわち、特別活動における「体験」もここで言う「第二の層の体験」であるべきで、「体験の深まり」の追求にある。

（4）発達的特質を踏まえた指導の充実

特別活動の基本的な性格として、人間形成との関係においてあげなければならないことは、発達的な特質を踏まえた指導である。小学校において「主体的・対話的で深い学び」の実現を保障し、自発的、自治的な活動を通して人間形成を図るためには、児童期の人間関係、社会参画、自己実現にかかわる発達的な特質を十分に踏まえて指導することが大切である。小学校では各学年ならびに低学年・中学年・高学年においての特徴を踏まえ、児童や学級、学校の実態に応じた指導を行うことが必要である。

中学校においては小学校との円滑な接続や、中学校卒業後の進路との接続も視野に入れつつ、当然中学生の発達段階を踏まえた教育活動の充実を図ることが求められる。特に、中学生の時期には、自我の目覚めや心身の発達により、自主独立の要求が高まる状況にあることから、生徒の自発的、自治的な活動を可能な範囲で尊重し、生徒が自らの力で組織をつくり、活動計画を立て、お互いに協力し合い学びに向かう集団づくりができるよう指導することが重要である。

高等学校においては、中学校との円滑な接続や高等学校卒業後の進路との接続も視野に入れながら、生徒の発達の段階を踏まえた教育活動の充実を図ることが求められている。高校生の時期は中学生と同様に、自我の形成や心身の発達により、自主独立の要求が高まることから、生徒の自発的、自治的な活動をできる限り尊重し、生徒が自らの力で組織をつくり、活動計画を立て、協力し合い、お互いを尊重し、よさを認め、その力を発揮し合えるような集団づくりができるように指導することが大切である。

また中学校・高等学校の時期は学校生活においても、新しい友達との出会いや教科担任制による多様な教師との出会い、社会的関心の広がり、そして進路の選択など、新しい環境や課題に直面していく時期でもある。このような状況の中で、生徒は現在および将来における自己の生き方を模索し始めるが、個々の価値観が多様化し、人間としての生き方にも様々な変化や問題点が生じている現代の社会にあっては、すべての生徒が在り方、生き方を自覚し、これを深められるとは限らない。実際の教育活動においては、現実から逃避したり、今の自分さえよければよいと考えたりする「閉じた個」ではなく、他者、社会、自然などの環境とのかかわりの中で生きるという自制を伴った「開かれた個」として成長していくことが大切なのである。

(5) 学校生活や学習の基盤としての集団づくり

特別活動は、学級・ホームルーム、学校での様々な集団づくりに非常に重要な役割を果たしているのである。つまり、特別活動においては、学校の内外で多様な他者とかかわり合う集団活動の機会が豊富に提供される。実際において、各活動・学校行事を通して、児童生徒は多様な集団活動を経験し、集団における行動や生活の在り方を学びながら、よりよい集団づくりに自ら参画するのである。

特別活動のうち、特に学級の集団づくり、ホームルームの集団づくりにおいては、児童生徒一人一人のよさや可能性を十分に生かすと同時に、他者の失敗や短所に寛容で共感的な学級の雰囲気を醸成するのである。

小学校においてはこうした学級の雰囲気は、協力して活動に取り組んだり、話合いで萎縮することなく自分の意見を発言し合ったり、安心して学習に取り組んだりすることを可能にする学校生活や学習の基盤となるものである。小学校における学級活動はその活動を通して、学級経営の充実を図りながら、学びに向かう集団の基盤を形成するのである。さらには、児童会活動、クラブ活動、学校行事における多様な集団を通して、よりよい人間関係が形成されることも、児童が安心して学習に励むことができることに大きくつながっていくのである。

また中学校・高等学校において学級活動・ホームルーム活動における、自発的、自治的な活動や学級・ホームルームとして学校行事に取り組むことを通して、学級・ホームルームに所属する生徒一人一人が、学級・ホームルームへの帰属意識や生活上の規範意識を高め、自分の居場所として安心して学習に励むことができる学級・ホームルームづくりにつながっていくのである。さらには、学級活動・ホームルーム活動を通して、個々の生徒の生活や学習上の課題を解決することや、学ぶ意義についての理解を深め、自己の進路の実現を図ろうとする、自己実現に向けた生徒の活動を通して、生徒自身が各教科・科目等の学習に主体的に取り組むことができるようになっていくのである。このような指導は、個々の生徒の学校生活の基盤づくりや、教科・科目等における学習環境づくりに欠かすことのできない重要な役割を担っており、生徒指導の観点からは、学業指導と呼ばれている。

これまでの特別活動の目標には「望ましい集団活動」という用語が表記されてきたが、この「望ましい集団活動」といった表現には、達成されるべき目標という印象を与えたり、最初から「望ましい集団活動」がすでに存在するかのような誤解を与えたりという問題が多く指摘されてきた経過がある。また、集団づくりにおいて、「望ましい集団活動」という用語を使用すると、「連帯感」や「所属感」に過度なウェイトがおかれ、ともすると、教師の期待する児童生徒像や集団の姿からの逸脱を許容しないことによって過度の同調圧力につながりかねないといった問題も存在していた。

さらには、学級や学校の集団を考える上で、グローバル化や情報化の進展する社会にあっては、現在の社会がどのような社会であるかということを基準にするのではなく、将来とは予測困難なものであるという前提で、児童生徒が学習すべきものが何かを提起する必要があり、「望ましい集団活動」について改めて検討した結果、この文言は削除された。これまで述べたように、特別活動における学校生活や学習の基盤としての集団づくりは、児童生徒の現在及び将来に強くかかわるものなのである。

【引用・参考文献】

文部科学省　2008　小学校学習指導要領解説　特別活動編　東洋館出版社
文部科学省　2008　中学校学習指導要領解説　特別活動編　ぎょうせい
文部科学省　2009　高等学校学習指導要領解説　特別活動編　海文堂出版
文部科学省　2017　小学校学習指導要領解説　特別活動編　東洋館出版社
文部科学省　2017　中学校学習指導要領解説　特別活動編　東山書房
文部科学省　2018　高等学校学習指導要領解説　特別活動編　東山書房
高久清吉　1990　教育実践学　教師の力量形成の道　教育出版
堀松武一・森山賢一　2001　教育学概論　岩崎学術出版社

第2章

特別活動の歴史的変遷

1　戦前の特別活動の歴史

(1) 近代教育の創始と特別活動

我が国における近代的な教育制度の発足は、明治5(1872)年の学制発布にあるが、このとき出された太政官布告「学事奨励に関する被仰出書」には、この学制が目指した理想的人間像が端的に示されている。当時の明治政府が国家として描いた人間像（国民像）は、当然これまでの考え方を一刷したものであった。すなわち、立身出世主義的、実利主義的な色彩が濃厚となり、我が国において長きにわたり踏襲されてきた、これまでの貴族や士族によってもてあそばれていたアクセサリーのような教養からの打破であった。それはわれわれの日常生活に直接役立つことに重きをおく風潮、ひいては社会と産業の体質改善に乗り出そうとしていた明治初期社会情勢の必然的結果であったといえよう。

以上のような文明開化的な政策のもとでの教育観は、間もなく修正される運命にあった。つまり、これらの方向は欧化主義の傾向を促進したのであったが、このような事実を前に、さらに天皇制国家の臣民にふさわしい心情、態度、価値意識の育成が強調されるのである。

このような背景から、戦前の特別活動には多様で、我が国独特の展開がみられるのである。具体的には、国民の育成としての特別活動をはじめ、娯楽としての特別活動、学校における教育的な活動としての特別活動といった具合に、多種多様な側面をもっていたと言うことができる。

(2) 課外活動にみる特別活動の源流

我が国において明治期の代表的な課外活動である演説討論活動と運動競技活動の2つの活動は、今日の特別活動の源流として位置付けられよう。

これらの活動は明治前期に中等学校以上の諸学校において実践された。演説討論活動の代表としては福澤諭吉を中心に慶應義塾の卒業生らによって明治7(1874)年に組織された「三田演説会」をあげることができる。この三田演説会は自分の意思を多くの相手に伝達する手段として、演説や討論という方法を紹介したが、これらは我が国においてはそれまでになかった全く新しい表現様式であったといえる。また三田演説会はこれらの演説や討論の方法を手ほどきした著書や規則、ルールなども世に発表して、その普及活動にも精力を注いだ。

さらに、福澤を中心とした三田演説会以外の代表的な討論活動として、「文学会」をあげることができる。文学会では主として、アメリカ人教師の指導のもとで当時、アメリカの大学や高校で実践されていたリタラリー・ソサェティー（literary society）という学生団体を範とし、我が国において教育活動の一つとして討論活動が行われた。

文学会の代表的な存在としては、札幌農学校における「開識社」をあげることができる。この「開識社」はクラークの影響を大きく受け、学生の自発的活動として位置付けられていたものである。

一方、運動競技活動においては、多くの学校において実施された行事であったことが知られている。

我が国における最初の運動競技活動は、明治7(1874)年に海軍兵学寮においてイギリス人顧問からathletic sportsを実施したいとの申し入れによって行われたことにあるとされている。実際には「競闘遊戯」という催事として開かれた。その後、明治11(1878)年に札幌農学校でも運動競技活動として第1回「遊戯会」が開催され、それを契機に全国各地の諸学校で実施されるようになった。明治10年代の札幌農学校や東京大学などで実施された当時の「遊戯会」(athletic meeting)では、かけっこ、芋拾い、豚追い、二人三脚、旗取り、綱引きなどの競技種目が準備され、学生のみならず、地域のイベントとして多くの観客が訪れ、大盛況であった。

現代において特別活動の学校行事として位置付けられている運動会、体育祭の中心的種目についても、すでにこの時期には同様なスタイルで実施されていたことが理解できる。

(3) 学校行事を中心とした歴史的展開

我が国の特別活動の歴史を辿れば、他に比べ最も古くから行われている領域として学校行事をあげることができる。現代においても特別活動の中心的存在である学校行事は、その多くが明治期にはすでに成立し、今日に至っている。

まずは儀式的行事からみてみることにする。我が国における国家主義教育の発端は、明治12(1879)年の教学大旨の公布にあるといってよいが、教育に強固な国家主義の背骨を貫き通し、この方向に日本の教育制度及びその内容を確立したのは、我が国初代文部大臣森有礼である。この森有礼文部大臣の発意により、明治19(1886)年からは各学校に天皇・皇后の御真影が下賜され、三大節(紀元節、天長節、一月一日)には教員と児童生徒による拝礼が奨励されるに至った。さらに明治23(1890)年に発布された教育勅語は、それまでの国家主義教育の総決算であり、その後の日本国民の精神的支柱として敗戦まで君臨した重要な勅語である。これ以降、明治24(1891)年に「小学校祝日大祭日儀式規程」

も公布され、祝祭日に教育勅語奉読をはじめ、御真影の拝礼、天皇・皇后の万歳奉祝が行われるに至った。

また、明治26(1893)年には文部省により、「君が代」が唱歌として祝日大祭日において歌われるようになったようである。このようにして我が国における儀式的行事は独特の色彩をもった形式として展開されるようになった。

次に運動会についてみてみよう。さきに述べたように、我が国の運動競技活動は明治7(1874)年海軍兵学寮で行われたのを契機として、明治11(1878)年の札幌農学校での「力芸」、続いて明治16(1883)年東京大学での「運動会」、明治17(1884)年には体操伝習所での「東京体育会」といった具合に、多様な名称で実施されていたようである。特に明治19(1886)年の小学校令の公布によって体操科が必須科目として尋常小学校・高等小学校に位置付けられ、当時の文部大臣である森有礼の身体重視の強調も背景にあって、その後急速に運動競技活動が全国各地に広がっていった。明治30年代以降、運動競技活動の教育的価値は、身体的鍛練と精神的鍛練の2つの役割になるように内容についても精選されていった。

次に学芸会についてみてみよう。学芸会は運動競技活動より遅れて学校教育の活動として実施されたものである。もともとは等級制に基づく進級制度の中で、その進級試験優等合格者を表彰したり、優等生による講談や口述問答、さらには理化学実験の実演などが行われていたものが起源とされている。これらの教育活動は就学率を向上させるための一つの方策でもあった。その後、試験制度の廃止や学級制の成立に伴って、明治30年代以降には児童の日頃の学習成果を中心とした発表会へと変化していった。

特に大正期にあっては、個性の尊重と自主性・自発性を重視する自由主義教育の提唱と実践によって、芸術教育や自治活動が大きくクローズアップされるようになり、各学校においても学芸会が大きな盛り上がりをみせた。しかしこれに対して文部省は批判的対応をとり、唱歌や教科書の朗読等を推奨したという経緯がある。

最後に遠足・修学旅行についてみてみたい。遠足についても明治期にはすでに今日の「遠足・宿泊的行事」の形式と内容が鮮明に映し出されている。当時は、教科教育に重点がおかれている中で、その教科教育との関連において遠足の教育的意義を実践に即して明確に示した記録も残っている。遠足のもともとのはじまりは明治19(1886)年2月の東京師範学校での「長途遠足」であるといわれているが、これは軍隊的な「行軍」の一つとして実施されたものであり、現代的意味の遠足とは内容的にも異なっている。

これに対して学校教育の教育課程において主たるウエイトをもつ教科学習さらには、まさに特別活動的な学習そのものとして遠足を位置付け実施に移したのものとしては、明治29(1896)年に東京師範学校附属小学校2年樋口勘次郎の学級による飛鳥山遠足の実践をあげることができる。樋口は遠足を実施するにあたり、遠足への意識調査、実地踏査を十分に行い、遠足が単なる遊山ではなく教育的に意義が大きいことを示した上で、遠足を実施したのである。当時においては遠足の教育的意義が学校や教師によってそれほど重要視されていない状況であった。そのうえ、遠足はさきに述べたように学校行事として実施されてはいたものの、その遠足の意義は軍事訓練的色彩を帯び、鍛練的な位置付けが強いものであった。そのような時代の中で、学習活動の一貫として教育的意味合いに力点をおき実施されたことは注目されるべきである。

2　戦後の特別活動の歴史
――学習指導要領における特別活動の変遷――

(1) 昭和22(1947)年学習指導要領（試案）から平成20(2008)年学習指導要領まで

昭和20(1945)年8月15日、我が国は終戦を迎えたが、これを境としてすべてのものはまさに、コペルニクス的転回をとげたと言ってよいであろう。

戦後、新生日本教育の実質的スタートは、昭和22(1947)年4月であるが、これは、我が国最初の学習指導要領を土台とした民主的な教育が開始されたことを意味するものである。昭和22(1947)年3月にようやく「学習指導要領一般編（試案)」が文部省より出された。教育基本法、及び学校教育法の制定より以前であることから、その法的位置付けが定まらないままに新学期から使用できるように作成されたのである。

現在の特別活動は、この我が国最初の学習指導要領の中で「自由研究」が示されたことに始まる。この「自由研究」は全く新しい教科の一つとして位置付けられ、まさに当時の教育の大転換期に経験主義教育の重要な要素を担ってスタートしたわけである。この「自由研究」は、小学校4年生以上に設けられ、内容としては個人の興味と能力に応じた教科の発展としての自由な学習、クラブ組織による活動、当番の仕事や学級委員としての仕事が示された。このように「自由研究」には、現在の特別活動におけるクラブ活動や生徒会活動、学級活動に類似した内容がすでに含まれていることがわかる。

教科「自由研究」の教育課程上の位置付けは、小学校においては、第4学年以上の学年で各学年ともに週2～4時間、年間70～140時間が配当されていた。また、中学校においては、教育課程上、選択科目の時間として位置付けられ、週1～4時間、年間35～140時間が配当された。

昭和24(1949)年には、中学校・高等学校で、「特別教育活動」が設置されることになり、中学校においては選択科目としての「自由研究」は削除されることになった。また、昭和26(1951)年には、小学校においてこれまで設けられていた「自由研究」が削除されて「教科以外の活動」となり、さきに述べたように中学校・高等学校は「特別教育活動」として再スタートすることになった。その内容は、小学校の「教科以外の活動」については、教育活動のうち正当な位置をもつべきであり、教科の学習では十分に達せられない教育目標がこれらの活動によって満足に達成されるとされ、中学校・高等学校の「特別教育活動」については単なる課外ではなくて、教科を中心として組織された学習活動ではない、いっさいの正規の学習活動であることが学習指導要領で示された。

ここでは、「教科以外の活動」「特別教育活動」の双方ともに正規の教育課程に位置付けられ、明確にその意義が示されたのである。

昭和33(1958)年の学習指導要領からは、学習指導要領そのものがこれまでの取り扱いとは異なり、文部省告示として法的拘束力という性格をもつこととなった。ここでは、小・中・高の校種にかかわらず、「特別教育活動」に名称が統一されたことが大きな注目点である(ただし高等学校においては、昭和35(1960)年に改訂)。従来の「教科以外の活動」から、この改訂において目標の構造化がなされ、内容も整理されて明確に示されるに至った。ここでは特設「道徳」の設置により「各教科」「道徳」「特別教育活動」「学校行事」の4領域で教育課程が構成されることになった。

昭和43(1968)年ならびに昭和44(1969)年の改訂においては、「特別活動」が設けられ、これまで区別されていた「特別教育活動」と「学校行事」が統合される形となった。このことは、小学校と中学校で示された。さらに、昭和45(1970)年には、高等学校学習指導要領が10年ぶりに改訂され、高等学校については、小・中学校の「特別活動」という名称とは異なり、「各教科以外の教育活動」という名称となった。

昭和52（1977）年には、小学校では特別活動の授業時間数がはじめて設けられることになり、中学校においては、ゆとりの時間を活用して特別活動の授業数を増加させた。

昭和53（1978）年の高等学校学習指導要領の改訂によって高等学校においても「特別活動」の名称に変更され、このことにより、小・中・高等学校の学校種すべてにおいて「特別活動」の名称に統一されることとなった。

平成元（1989）年の改訂によって、小学校・中学校の「学級活動」と「学級指導」が統合され、「学級活動」として一本化されることとなり、さらに「必修クラブ」は部活動によって代替することが可能となった。

平成10（1998）年には中学校、平成11（1999）年は高等学校の学習指導要領改訂により、クラブ活動は廃止されるに至った。平成10（1998）年ならびに平成11（1999）年の改訂により、学校週5日制のもとすべての校種で「総合的な学習の時間」が創設されたが、特別活動についてはさきに述べたように中学校・高等学校でのクラブ活動廃止に伴って、「学級活動（ホームルーム活動）」「生徒会活動」「学校行事」の3領域による構成となった。また内容についてもガイダンス機能の充実が示され、学校生活への適応、人間関係の形成、進路選択などの指導の充実がなされることになった。

平成20（2008）年ならびに平成21（2009）年の改訂においては、特別活動の目標に「人間関係」の文言が加わり、「望ましい集団活動を通して、心身の調和のとれた発達と個性の伸長を図り、集団や社会の一員としてよりよい生活や人間関係を築こうとする自主的、実践的な態度を育てる」と示された。さらに、これらの全体目標を踏まえ、各内容のねらいと意義を明確化するために各内容ごとにも目標が示された。

平成29（2017）年の改訂においては第1「目標」の示し方に大きな変

化がみられる。学習指導要領においては、「集団や社会の形成者としての見方・考え方を働かせ、様々な集団活動に自主的、実践的に取り組み、互いのよさや可能性を発揮しながら集団や自己の生活上の課題を解決することを通して、次のとおり資質・能力を育成することを目指す」とされ、この資質・能力は以下のように具体的に３点あげられている。

(1) 多様な他者と協働する様々な集団活動の意義や活動を行う上で必要となることについて理解し、行動の仕方を身に付けるようにする。
(2) 集団や自己の生活、人間関係の課題を見いだし、解決するために話し合い、合意形成を図ったり、意思決定したりすることができるようにする。
(3) 自主的、実践的な集団活動を通して身に付けたことを生かして、集団や社会における生活及び人間関係をよりよく形成するとともに、自己の生き方についての考えを深め、自己実現を図ろうとする態度を養う。

以上のような内容については、平成29、30 (2017、2018) 年の学習指導要領改訂の全体の特質を踏まえて示されている。

(2) 平成29、30年改訂学習指導要領

平成26 (2014) 年11月、文部科学大臣から新しい時代にふさわしい学習指導要領の在り方について中央教育審議会に諮問が行われ、中央教育審議会は、平成28 (2016) 年12月21日「幼稚園、小学校、中学校、高等学校及び特別支援学校の学習指導要領等の改善及び必要な方策等について (答申)」を示した。

ここでは、「よりよい学校教育を通じてよりよい社会を創る」という目標を学校と社会が共有して、連携・協働しながら、新しい時代に求められる資質・能力を子どもたちに育む「社会に開かれた教育課程」の実現を目指し、学習指導要領等が学校、家庭、地域の関係者から幅広く共

有し活用できる「学びの地図」としての役割を果たすことができるように、次の6点にわたりその枠組みを改善するとともに、各学校において教育課程を軸にして、学校教育の改善・充実の好循環を生み出す「カリキュラム・マネジメント」の実現を目指すことが求められるに至った。

①「何ができるようになるか（育成を目指す資質・能力）」

②「何を学ぶか（教科等を学ぶ意義と、教科等間・学校段階等間のつながりを踏まえた教育課程の編成）」

③「どのように学ぶか（各教科等の指導計画の作成と実施、学習・指導の改善・充実）」

④「子供一人一人の発達をどのように支援するか（子供の発達を踏まえた指導）」

⑤「何が身に付いたか（学習評価の充実）」

⑥「実施するために何が必要か（学習指導要領等の理念を実現するために必要な方策）」

これらのことを踏まえて、平成29年3月31日に学校教育法施行規則の改正、幼稚園教育要領、小学校学習指導要領、中学校学習指導要領の公示に至った。

今回の改訂においては、学校教育が長年の育成を目指してきた「生きる力」をより具体化し、教育課程全体を通して育成を目指す資質・能力を次の3つの柱に整理し、さらに各教科等の目標や内容についてもこれらの3つの柱に基づいて再整理を図るように提言がなされた。

ア「何を理解しているか、何ができるか（生きて働く「知識・技能」の習得）」

イ「理解していること・できることをどう使うか（未知状況にも対応できる「思考力・判断力・表現力等」の育成）」

ウ「どのように社会・世界と関わり、よりよい人生を送るか（学びを人生や社会に生かそうとする「学びに向かう力・人間性等」の涵養)」

今回の改訂においては、知・徳・体にわたる「生きる力」を子どもたちに育むために、「何のために学ぶのか」という各教科等を学ぶ意義を共有し、すべての教科等の目標及び内容を「知識及び技能」「思考力、判断力、表現力等」「学びに向かう力、人間性等」の3つの柱で再整理された。

また、これまでの学校教育の蓄積を生かし、学習の質を一層高める授業改善の取り組みを活性化していくことが必要であるとし、「主体的・対話的で深い学び」の実現に向けた授業改善(アクティブ・ラーニング)の視点に立った授業改善を推進することが求められた。

いま1つは、学校全体として、児童生徒や学校、地域の実態を適切に把握し、教育内容や時間の配分、必要な人的・物的体制の獲得、教育課程の実施状況に基づく改善などを通して、教育活動の質を向上させ、学習効果の最大化を図るカリキュラム・マネジメントに努めることが求められた。

今回の特別活動の改訂も、これらを踏まえて行われたものである。改訂の基本的な方向性については、特別活動の特質を踏まえて、これまでの目標を整理し、提案する上で重要な視点として「人間関係形成」「社会参画」「自己実現」の3つとして整理された。

そして、そうした資質・能力を育成するための学習の過程として、「様々な集団活動に自主的、実践的に取り組み、互いのよさや可能性を発揮しながら集団や自己の生活上の課題を解決することを通して」資質・能力の育成を目指すこととされた。その上で特別活動の特質に応じた見方・考え方として、「集団や社会の形成者としての見方・考え方」を働かせることとされた。

特別活動において育成することを目指す資質・能力については、上記の3つの視点を踏まえて、特別活動の目標及び内容を整理し、学級活動・ホームルーム活動、児童会活動、生徒会活動、クラブ活動、学校行事を通して育成する資質・能力が明確化された。さらに特別活動の内容については、様々な集団での活動を通して、自治的な能力や主権者として積極的に社会参画する力を重視するため、学級、ホームルームや学校の課題を見いだし、よりよく解決するため、話し合って合意形成し実践することや、主体的に組織をつくり、役割分担して協力し合うことの重要性が明確化された。

また、特別活動を要とし、小学校から高等学校までの教育活動全体の中で、「基礎的・汎用的能力」を育むというキャリア教育本来の役割を改めて明確にするなど、小学校—中学校—高等学校のつながりが明示された。

【引用・参考文献】

教育史編纂会編　1941　明治以降教育制度発達史　竜吟社
文部科学省　2008　小学校学習指導要領解説　特別活動編　東洋館出版社
文部科学省　2008　中学校学習指導要領解説　特別活動編　ぎょうせい
文部科学省　2009　高等学校学習指導要領解説　特別活動編　海文堂出版
文部科学省　2017　小学校学習指導要領解説　特別活動編　東洋館出版社
文部科学省　2017　中学校学習指導要領解説　特別活動編　東山書房
文部科学省　2018　高等学校学習指導要領解説　特別活動編　東山書房

第3章 特別活動の目標と内容

1　特別活動の目標

(1) 特別活動の第1目標

小学校では令和2(2020)年度から、中学校では令和3(2021)年度から、高等学校では令和4(2022)年度から実施され（てい）る学習指導要領をもとに、学校種ごとの特別活動の目標について確認したい。

小学校における特別活動の目標は、小学校学習指導要領 第6章の第1「目標」において以下のように示されている。

> 集団や社会の形成者としての見方・考え方を働かせ、様々な集団活動に自主的、実践的に取り組み、互いのよさや可能性を発揮しながら集団や自己の生活上の課題を解決することを通して、次のとおり資質・能力を育成することを目指す。
>
> (1) 多様な他者と協働する様々な集団活動の意義や活動を行う上で必要となることについて理解し、行動の仕方を身に付けるようにする。
>
> (2) 集団や自己の生活、人間関係の課題を見いだし、解決するために話し合い、合意形成を図ったり、意思決定したりすることができるようにする。
>
> (3) 自主的、実践的な集団活動を通して身に付けたことを生かして、集団や社会における生活及び人間関係をよりよく形成するとともに、自己の生き方についての考えを深め、自己実現を図ろうとする態度を養う。

中学校における特別活動の目標は、中学校学習指導要領 第5章の第1「目標」において以下のように示されている。

集団や社会の形成者としての見方・考え方を働かせ、様々な集団活動に自主的、実践的に取り組み、互いのよさや可能性を発揮しながら集団や自己の生活上の課題を解決することを通して、次のとおり資質・能力を育成することを目指す。
(1) 多様な他者と協働する様々な集団活動の意義や活動を行う上で必要となることについて理解し、行動の仕方を身に付けるようにする。
(2) 集団や自己の生活、人間関係の課題を見いだし、解決するために話し合い、合意形成を図ったり、意思決定したりすることができるようにする。
(3) 自主的、実践的な集団活動を通して身に付けたことを生かして、集団や社会における生活及び人間関係をよりよく形成するとともに、人間としての生き方についての考えを深め、自己実現を図ろうとする態度を養う。

さらに、高等学校における特別活動の目標は、高等学校学習指導要領第5章の第1「目標」において以下のように示されている。

集団や社会の形成者としての見方・考え方を働かせ、様々な集団活動に自主的、実践的に取り組み、互いのよさや可能性を発揮しながら集団や自己の生活上の課題を解決することを通して、次のとおり資質・能力を育成することを目指す。
(1) 多様な他者と協働する様々な集団活動の意義や活動を行う上で必要となることについて理解し、行動の仕方を身に付けるようにする。
(2) 集団や自己の生活、人間関係の課題を見いだし、解決するために話し合い、合意形成を図ったり、意思決定したりすることができるようにする。
(3) 自主的、実践的な集団活動を通して身に付けたことを生かして、主体的に集団や社会に参画し、生活及び人間関係をよりよく形成するとともに、人間としての在り方生き方についての自覚を深め、自己実現を図ろうとする態度を養う。

小学校の特別活動の目標については、各活動である学級活動、児童会活動、クラブ活動及び学校行事の４つの内容の目標を総括する目標として位置付けられている。

中学校の特別活動の目標については、学級活動、生徒会活動及び学校行事の３つの内容の目標を総括する目標であり、高等学校の特別活動の目標については、ホームルーム活動、生徒会活動及び学校行事の３つの目標を総括する目標である。

特別活動は「集団や社会の形成者としての見方・考え方」を働かせながら「様々な集団活動に自主的、実践的に取り組み、互いのよさや可能性を発揮しながら集団や自己の生活上の課題を解決する」ことを通して、資質・能力を育むことを目指す教育活動である。

これまでの目標に示してきた要素や特別活動の特質、さらには教育課程全体において特別活動が果たすべき役割などを勘案して、「人間関係形成」「社会参画」「自己実現」の３つの視点で整理がされている。これら３つの視点については、特別活動において育成を目指す資質・能力における重要な要素であるとともに、これらの資質・能力を育成する学習過程においても重要な意味をもつものであることから、特別活動の方法原理は「為すことによって学ぶ」ということにあるとしている。なお、これら３つの視点はそれぞれ重要であるが、相互にかかわり合っていて、明確に区別されるものではないことに留意する必要があると示されている。

「人間関係形成」は集団の中で人間関係を自主的、実践的によりよいものへと形成する視点である。人間は所属する集団における人と人との関係の中で、人間形成を図っていく側面がある。このことは子どもの成長は所属する集団の人間関係がどのようなものかによって大きく左右される場合も少なくないことを意味する。所属する集団の人間関係が望ましいものではない場合には、いじめをはじめとして様々な問題を生じることもある。

「人間関係形成」に必要な資質・能力は、集団の中において課題の発見から実践、振り返りなど特別活動の学習過程全体を通して、個人と個人あるいは個人と集団という関係性の中で育まれると考えられている。このためには、望ましい集団を育て、望ましい集団活動を展開していくことが必要である。望ましい集団の要素としては、自主性、組織性、凝集性の３要素があげられる。望ましい集団を育てるということが望ましい人間関係を醸成し、個人が向上し、集団が向上することになるのである。

「社会参画」はよりよい学級・ホームルームや学校生活づくりなど、集団や社会に参画し、様々な問題を主体的に解決しようとする視点である。「社会参画」のために必要な資質・能力は集団の中において、自らの意思と選択による活動すなわち自発的、自治的な活動を通して、個人が集団へ関与する中で育まれるものである。

学校という一つの小さな社会は、様々な集団から構成されている。学校内の様々な集団における活動に主体的にかかわることが、さらには地域や社会に対する参画、持続可能な社会の担い手となっていくことにつながっていくものである。まさにこうした態度や能力は、主権者としての自覚の醸成に結び付き、将来社会人として自立していくためにも非常に大切な資質であることは言うまでもない。

さきに述べたように、社会は様々な集団によって構成されているととらえられることから、学級・ホームルームや学校の集団をよりよくするために参画することと、社会をよりよくするために参画することは「社会参画」という意味において同じ視点と考えてよい。

「自己実現」は特別活動においては、集団の中で、現在及び将来の自己の生活の課題を発見し、よりよく改善しようとする視点ととらえることができる。「自己実現」のために必要な資質・能力は自己の理解を深め、自己のよさ、可能性を生かす力や、自己の在り方や生き方を考え設計する力など、集団の中で、個々人が共通して当面する現在及び将来にかかわる課題を考察する中で育まれるものと考えられる。

実際においては児童生徒が自分の個性や能力を自ら的確に理解し、将来どのような社会的役割や使命を担うのかをしっかりと見通した上で、さらに伸ばすべき自分自身の能力を明らかにして社会的な自己形成や自己実現を図っていこうとする資質の基礎を培うことと言える。

学級・ホームルームや学校は児童生徒にとって最も身近な社会であるが、児童生徒はその社会の中において様々な集団活動を通して、多様な人間関係の築き方や、集団の発展に寄与することや、よりよい自分を追求することなどを学んでいくのである。

児童生徒は学年・学校段階が上がるにつれて、人間関係や活動の範囲を広げていき、特別活動で身に付けたこのような資質能力と各教科・科目において学んできたことを、地域・社会などその後の様々な集団や人間関係の中で生かしていくのである。

こうした学年の過程において、特別活動ならではの「見方・考え方」を働かせることが重要となる。特別活動の特質に応じた「見方・考え方」は「集団や社会の形成者としての見方・考え方」である。

「集団や社会の形成者としての見方・考え方」を働かせるとは、各教科・科目の「見方・考え方」を総合的に働かせながら、自己及び集団や社会の問題をとらえ、よりよい人間関係の形成、よりよい集団生活の構築や社会への参画及び自己実現に向けた実践に結び付けることなのである。

第1目標においては、資質・能力を育成するために「様々な集団活動に自主的、実践的に取り組み、互いのよさや可能性を発揮しながら集団や自己の生活上の課題を解決することを通して」といった学習過程が示されている。

われわれは社会の中で様々な集団という単位で活動しているのである。この集団と個は活動の目的によってつながっていたり、生活する地域を同じにするといった点でつながっていたりといった具合に様々である。

ここでは、目的や構成が異なっている様々な集団での活動を通して、自分や他者のよさや可能性に気付いたり、それを発揮したりすることができるようになる。

さきに述べたように、学校は一つの小さな社会であると言うことができるが、特別活動は、各活動・学校行事における様々な集団活動の中で、児童生徒が集団や自己の課題の解決に向けて取り組む活動である。集団活動の範囲は学年・学校段階が上がるにつれて広がり、さらには社会に出た後の様々な集団や人間関係の中で、その資質・能力は生かされていくのである。

学級活動・ホームルーム活動は学校生活において最も身近で基礎的な所属集団である学級・ホームルームを基盤とした活動であり、卒業後においては、職業生活の中心となる職場における集団や、日々の生活の基盤である家族集団での生活につながる活動であるといえる。

児童生徒は、日々の生活を共にする中で、多様な考え方や感じ方があることを知り、時には葛藤や対立を経験することもあり、こうした中でより豊かで規律ある生活を送るために、課題解決方法について話し合い、合意形成を図って決定したことには協力し、意思決定したことを努力して実践するのである。

小学校における児童会活動及び中学校・高等学校における生徒会活動は、学校生活全般に関する自発的、自治的な活動である。

これらの活動は卒業後においては、地域社会における自治的な活動につながる活動である。児童会活動では、全校児童集会等のように全児童で活動する場面と、委員会活動のように役割を同じくする異年齢集団の児童で活動する場面の両面がある。

また、中学校・高等学校における生徒会活動でも小学校での児童会活動と同様に、生徒会全体が一つの集団であるという面と委員会活動のように役割を同じくする異年齢の集団を構成する面もある。

いずれにしても児童会活動や生徒会活動は、学級・ホームルームの枠を超え、よりよい学校づくりに自ら参画し、協力して諸課題の解決を行う活動である。

加えて小学校のみ実施されている活動がクラブ活動である。主として第４学年以上の同好の児童から構成される異年齢集団による活動である。卒業後においては、地域・社会におけるサークル活動や同好会など同好の者による自主的な活動につながる活動である。

学校行事は、学年や学校全体という大きな集団において、一つの目的の下に行われる様々な活動の総体である。卒業後は地域や社会の行事や催し物など、様々な集団で所属感や連帯感を高めながら一つの目標などに向かって取り組む活動につながる活動である。

小学校においては主として、学校が計画し、実施するものではあるが、児童が積極的に参加し、協力することにより充実する教育活動である。中学校・高等学校においては、学年や学校が計画し、実施するものであり、生徒が積極的に参加し協力することによって充実する教育活動である。

学校行事は、学校内だけでなく、地域における行事や催し物等、学校外の活動ともつながりをもち、内容によっては、地域の様々な人々で構成される集団と協力する機会もある。児童生徒はこのような学校行事の活動を通して、多様な集団への所属感、連帯感を高めていくものである。

特別活動の各活動・学校行事は、一人一人の児童生徒の学級・ホームルームや学校の生活の向上・充実に向けて、諸課題への対応や課題解決の仕方などを自主的、実践的に学ぶ活動内容により構成されている。

特別活動の目的や内容で示されている資質・能力は、自主的、実践的な活動を通じて初めて身に付くものである。

(2) 特別活動の目標と各活動・学校行事の目標との関連

特別活動は小中高ともに各活動・学校行事で構成されており、それぞれ独自の目標と内容をもつ教育活動であるが、それらは決して異なる目標を達成しようとするものではない。すなわち、各活動・学校行事の目標はいずれの目標も、集団の特質や活動の過程の特徴を踏まえた活動を通して特別活動の目標いわゆる全体目標に示す資質・能力を育成するものである。

したがって、各学校においては、特別活動の全体目標と各活動・学校行事の目標の関係を踏まえて指導計画を作成し、指導の充実を図らなければならない。

小学校における特別活動の目標（全体目標）と各活動である学級活動、児童会活動、クラブ活動ならびに学校行事のそれぞれの目標は以下のとおりである。

（特別活動の目標（全体目標））

集団や社会の形成者としての見方・考え方を働かせ、様々な集団活動に自主的、実践的に取り組み、互いのよさや可能性を発揮しながら集団や自己の生活上の課題を解決することを通して、次のとおり資質・能力を育成することを目指す。

(1) 多様な他者と協働する様々な集団活動の意義や活動を行う上で必要となることについて理解し、行動の仕方を身に付けるようにする。

(2) 集団や自己の生活、人間関係の課題を見いだし、解決するために話し合い、合意形成を図ったり、意思決定したりすることができるようにする。

(3) 自主的、実践的な集団活動を通して身に付けたことを生かして、集団や社会における生活及び人間関係をよりよく形成するとともに、自己の生き方についての考えを深め、自己実現を図ろうとする態度を養う。

（学級活動の目標）

学級や学校での生活をよりよくするための課題を見いだし、解決するために話し合い、合意形成し、役割を分担して協力して実践したり、学級での話合いを生かして自己の課題の解決及び将来の生き方を描くために意思決定して実践したりすることに、自主的、実践的に取り組むことを通して、第１の目標に掲げる資質・能力を育成することを目指す。

（児童会活動の目標）

異年齢の児童同士で協力し、学校生活の充実と向上を図るための諸問題の解決に向けて、計画を立て役割を分担し、協力して運営することに自主的、実践的に取り組むことを通して、第１の目標に掲げる資質・能力を育成することを目指す。

（クラブ活動の目標）

異年齢の児童同士で協力し、共通の興味・関心を追求する集団活動の計画を立てて運営することに自主的、実践的に取り組むことを通して、個性の伸長を図りながら、第１の目標に掲げる資質・能力を育成することを目指す。

（学校行事の目標）

全校又は学年の児童で協力し、よりよい学校生活を築くための体験的な活動を通して、集団への所属感や連帯感を深め、公共の精神を養いながら、第１の目標に掲げる資質・能力を育成することを目指す。

中学校における特別活動の各活動である学級活動、生徒会活動ならびに学校行事のそれぞれの目標は以下のとおりである。

(特別活動の目標（全体目標))

集団や社会の形成者としての見方・考え方を働かせ、様々な集団活動に自主的、実践的に取り組み、互いのよさや可能性を発揮しながら集団や自己の生活上の課題を解決することを通して、次のとおり資質・能力を育成することを目指す。

(1) 多様な他者と協働する様々な集団活動の意義や活動を行う上で必要となることについて理解し、行動の仕方を身に付けるようにする。

(2) 集団や自己の生活、人間関係の課題を見いだし、解決するために話し合い、合意形成を図ったり、意思決定したりすることができるようにする。

(3) 自主的、実践的な集団活動を通して身に付けたことを生かして、集団や社会における生活及び人間関係をよりよく形成するとともに、人間としての生き方についての考えを深め、自己実現を図ろうとする態度を養う。

(学級活動の目標)

学級や学校での生活をよりよくするための課題を見いだし、解決するために話し合い、合意形成し、役割を分担して協力して実践したり、学級での話合いを生かして自己の課題の解決及び将来の生き方を描くために意思決定して実践したりすることに、自主的、実践的に取り組むことを通して、第1の目標に掲げる資質・能力を育成することを目指す。

(生徒会活動の目標)

異年齢の生徒同士で協力し、学校生活の充実と向上を図るための諸問題の解決に向けて、計画を立て役割を分担し、協力して運営することに自主的、実践的に取り組むことを通して、第1の目標に掲げる資質・能力を育成することを目指す。

（学校行事の目標）
　全校又は学年の生徒で協力し、よりよい学校生活を築くための体験的な活動を通して、集団への所属感や連帯感を深め、公共の精神を養いながら、第１の目標に掲げる資質・能力を育成することを目指す。

　また、高等学校における特別活動の各活動であるホームルーム活動、生徒会活動ならびに学校行事のそれぞれの目標は以下のとおりである。

（特別活動の目標（全体目標））
集団や社会の形成者としての見方・考え方を働かせ、様々な集団活動に自主的、実践的に取り組み、互いのよさや可能性を発揮しながら集団や自己の生活上の課題を解決することを通して、次のとおり資質・能力を育成することを目指す。
(1)　多様な他者と協働する様々な集団活動の意義や活動を行う上で必要となることについて理解し、行動の仕方を身に付けるようにする。
(2)　集団や自己の生活、人間関係の課題を見いだし、解決するために話し合い、合意形成を図ったり、意思決定したりすることができるようにする。
(3)　自主的、実践的な集団活動を通して身に付けたことを生かして、主体的に集団や社会に参画し、生活及び人間関係をよりよく形成するとともに、人間としての在り方生き方についての自覚を深め、自己実現を図ろうとする態度を養う。

（ホームルーム活動の目標）
ホームルームや学校での生活をよりよくするための課題を見いだし、解決するために話し合い、合意形成し、役割を分担して協力して実践したり、ホームルームでの話合いを生かして自己の課題の解決及び将来の生き方を描くために意思決定して実践したりすることに、自主的、実践的に取り組むことを通して、第１の目標に掲げる資質・能力を育成することを目指す。

(生徒会活動の目標)
異年齢の生徒同士で協力し、学校生活の充実と向上を図るための諸問題の解決に向けて、計画を立て役割を分担し、協力して運営することに自主的、実践的に取り組むことを通して、第1の目標に掲げる資質・能力を育成することを目指す。

(学校行事の目標)
全校若しくは学年又はそれらに準ずる集団で協力し、よりよい学校生活を築くための体験的な活動を通して、集団への所属感や連帯感を深め、公共の精神を養いながら、第1の目標に掲げる資質・能力を育成することを目指す。

2　特別活動の内容相互の関連と教育課程の中での関連

(1) 特別活動の内容相互の関連

小学校での特別活動は、その内容相互の関連について小学校学習指導要領 第6章の第3の1の(2)に次のように述べられている。

(2) 各学校においては特別活動の全体計画や各活動及び学校行事の年間指導計画を作成すること。その際、学校の創意工夫を生かし、学級や学校、地域の実態、児童の発達の段階などを考慮するとともに、第2に示す内容相互及び各教科、道徳科、外国語活動、総合的な学習の時間などの指導との関連を図り、児童による自主的、実践的な活動が助長されるようにすること。また、家庭や地域の人々との連携、社会教育施設等の活用などを工夫すること。

また、中学校での特別活動は、その内容相互の関連について中学校学習指導要領 第5章の第3の1の(2)で次のように示されている。

(2) 各学校においては、特別活動の全体計画や各活動及び学校行事の年間指導計画を作成すること。その際、学校の創意工夫を生かし、学級や学校地域の実態、生徒の発達の段階などを考慮するとともに、第2に示す内容相互及び各教科、道徳科、総合的な学習の時間などの指導との関連を図り、生徒による自主的、実践的な活動が助長されるようにすること。また、家庭や地域の人々との連携、社会教育施設等の活用などを工夫すること。

つまり、学級活動、児童会活動、クラブ活動による小学校における特別活動は、児童による自発的、自治的な活動を効果的に展開する実践的な活動であり、これらの活動における一貫した指導によって身に付けた態度が相互に生かされ、学級や学校の生活づくりに参画する態度や自治的能力がより一層身に付くのである。

また、特別活動の各活動・学校行事は集団の単位、活動の単位、活動の形態や方法、時間の設定などにおいて異なる特質をもち、それぞれが固有の意義をもつ。しかし、これらの特質は最終的に特別活動の目標を目指すもので相互に関連し合っていることを理解して、児童の資質・能力を育成する活動を効果的に展開できるようにすることが大切なのである。

高等学校での特別活動の内容相互の関連については、高等学校学習指導要領 第5章 第3の1の(2)において次のように示されている。

(2) 各学校においては、次の事項を踏まえて特別活動の全体計画や各活動及び学校行事の年間指導計画を作成すること。

ア　学校の創意工夫を生かし、ホームルームや学校、地域の実態、生徒の発達の段階などを考慮すること。

イ　第2に示す内容相互及び各教科・科目、総合的な探究の時間などの指導との関連を図り、生徒による自主的、実践的な活動が助長されるようにすること。特に社会において自立的に生きることができるようにするため、社会の一員としての自己の生き方を探求するなど、人間としての在り方生き方の指導が行われるようにすること。

ウ　家庭や地域の人々との連携、社会教育施設等の活用などを工夫すること。その際、ボランティア活動などの社会奉仕の精神を養う体験的な活動や就業体験活動などの勤労に関わる体験的な活動の機会をできるだけ取り入れること。

高等学校において、ホームルーム活動、生徒会活動は主として生徒による自発的、自治的な活動を効果的に展開する実践的活動である。したがって、これらの活動においては一貫した指導により身に付く資質・能力が相互に生かされて、ホームルームや学校の生活づくりに参画する態度や自治的な能力がより一層身に付くことになる。

また、各活動・学校行事は集団の単位や活動の形態、方法などにおいて異なる特質とそれぞれが固有の意義をもつが、これらは最終的には特別活動の目標を目指して行われているわけであるから、相互に関連し合っていることを理解し、生徒の資質・能力を育成する活動を効果的に展開できるようにすることが大切なのである。

(2) 特別活動と各教科、道徳科及び総合的な学習(探究)の時間などとの関連

小学校学習指導要領第6章 第3の1の(2)において次のような箇所を見ることができる。

(2) 各学校においては特別活動の全体計画や各活動及び学校行事の年間指導計画を作成すること。その際、学校の創意工夫を生かし、学級や学校、地域の実態、児童の発達の段階などを考慮するとともに、第2に示す内容相互及び各教科、道徳科、外国語活動、総合的な学習の時間などの指導との関連を図り、児童による自主的、実践的な活動が助長されるようにすること。また、家庭や地域の人々との連携、社会教育施設等の活用などを工夫すること。

ここでは、小学校の教育課程である各教科、道徳科、外国語活動、総

合的な学習の時間及び特別活動によって編成されており、そのそれぞれが固有の目標、ねらいをもつ教育活動であるが、それらが直接的、間接的に相互に関連・補充し合い、それぞれのねらいが達成され、そのことによって全体としての小学校の目標が達成されることが述べられている。

これは中学校の教育課程である各教科、道徳科、総合的な学習の時間及び特別活動においても同様であり、中学校学習指導要領 第5章 第3の1の(2)に次のように示されている。

(2) 各学校においては特別活動の全体計画や各活動及び学校行事の年間指導計画を作成すること。その際、学校の創意工夫を生かし、学級や学校、地域の実態、生徒の発達の段階などを考慮するとともに、第2に示す内容相互及び各教科、道徳科、総合的な学習の時間などの指導との関連を図り、生徒による自主的、実践的な活動が助長されるようにすること。また、家庭や地域の人々との連携、社会教育施設等の活用などを工夫すること。

さらに、高等学校においても、以下のように高等学校学習指導要領 第5章 第3の1の(2)に、小・中学校と同様な内容の記述が見られる。

(2) 各学校においては、次の事項を踏まえて特別活動の全体計画や各活動及び学校行事の年間指導計画を作成すること。

ア 学校の創意工夫を生かし、ホームルームや学校、地域の実態、生徒の発達の段階などを考慮すること。

イ 第2に示す内容相互及び各教科・科目、総合的な探究の時間などの指導との関連を図り、生徒による自主的、実践的な活動が助長されるようにすること。特に社会において自立的に生きることができるようにするため、社会の一員としての自己の生き方を探求するなど、人間としての在り方生き方の指導が行われるようにすること。

ウ 家庭や地域の人々との連携，社会教育施設等の活用などを工夫すること。その際、ボランティア活動などの社会奉仕の精神を養う体

> 験的な活動や就業体験活動などの勤労に関わる体験的な活動の機会をできるだけ取り入れること。

(3) 特別活動と生徒指導との関連

そもそも生徒指導は、問題行動の指導や校則の遵守といった内容だけではなく、各教科の指導や道徳の指導、特別活動の内容など全教育活動において、その教育活動の目標を達成していくための基盤なのである。

特別活動と生徒指導との関連においては、小学校学習指導要領 第6章の第3の1の(3)において、以下のように示されている。

> (3) 学級活動における児童の自発的、自治的な活動を中心として、各活動と学校行事を相互に関連付けながら、個々の児童についての理解を深め、教師と児童、児童相互の信頼関係を育み、学級経営の充実を図ること。その際、特に、いじめの未然防止等を含めた生徒指導との関連を図るようにすること。

このことは中学校学習指導要領 第5章の第3の1の(3)においても同様に示されている（「児童」の箇所が「生徒」）。さらに、高等学校学習指導要領 第5章 第3の1の(3)においても以下のように示されている。

> (3) ホームルーム活動における生徒の自発的、自治的な活動を中心として、各活動と学校行事を相互に関連付けながら、個々の生徒についての理解を深め、教師と生徒、生徒相互の信頼関係を育み、ホームルーム経営の充実を図ること。その際、特に、いじめの未然防止等を含めた生徒指導との関連を図るようにすること。

また、小学校学習指導要領 第1章の総則 第4の1の(2)及び中学校学習指導要領 第1章の総則 第4の1の(2)においても「児童（生徒）が自己の存在感を実感しながら、よりよい人間関係を形成し、有意義で充実した学校生活を送る中で、現在及び将来における自己実現を図っていくことができるよう、児童（生徒）理解を深め、学習指導と関連付けながら、生徒指導の充実を図ること」と示されている。

高等学校学習指導要領 第1章 総則 第5款の1の(2)においても、同様に示されている。

生徒指導は「一人一人の児童生徒の人格を尊重し、個性の伸長を図りながら社会的資質や行動力を高めることを目指して行われる教育活動のこと」であることから、特別活動においても大切にされてきた「個性の伸長」や「社会的な資質・能力の育成」と非常に深いかかわりを持っている。

特別活動の指導は、個々の児童生徒や集団での生活・活動の場面で児童生徒の自主性、自発性を尊重しながら展開されるものであり、児童生徒の積極的な活動が展開されていくためには、深い児童生徒理解と相互の信頼関係を前提とした生徒指導の充実が不可欠である。また、生徒指導のねらいである自己指導力や自己実現のための態度や能力の育成は、特別活動の目標と重なる部分が多く見られる。

特別活動と生徒指導とのかかわり方として、所属する集団を自分たちの力によって円滑に運営することを学ぶこと、集団生活の中でよりよい人間関係を築き、それぞれが個性や自己の能力を生かし、互いの人格を尊重し合って生きることの大切さを学ぶこと、集団としての連帯意識を高め、集団（社会）の形成者としてのよりよい態度や行動の在り方を学ぶことをあげることができる。ここであげられた内容は、特に学級活動・ホームルーム活動と深い関係を持っている。

3　特別活動で育成を目指す資質・能力

(1) 育成を目指す資質・能力の明確化

平成29(2017)年3月31日に告示された学習指導要領においては、よりよい学校教育を通してよりよい社会を創るという目標を学校と社会が共有し、連携・協働しながら、新しい時代に求められる資質・能力を子どもたちに育む「社会に開かれた教育課程」の実現を図ることが示された。ここでは児童生徒に求められる資質・能力を学校、家庭、地域の関係者が共有し、連携を深め、学習指導要領自体が学校教育における学校の全体像をわかりやすく見渡せる「学びの地図」としての役割を目指した。

このような社会に開かれた教育課程をこれからの教育課程の理念とし、次にあげる事項を重視するのである。

① 社会や世界の状況を幅広く視野に入れ、よりよい学校教育を通してよりよい社会を創るという目標を持ち、教育課程を介してその目標を社会と共有していくこと。

② これからの社会を創り出していく子どもたちが、社会や世界に向き合いかかわり合い、自分の人生を切り拓いていくために求められる資質・能力とは何かを、教育課程において明確化し育んでいくこと。

③ 教育課程の実施にあたって、地域の人的・物的資源を活用したり、放課後や土曜日等を活用した社会教育との連携を図ったりし、学校教育を学校内に閉じずに、その目指すところを社会と共有・連携しながら実現させること。

そこで「生きる力」をより具体化し、教育課程全体を通して育成を目指す資質・能力を以下のような6点にわたってその枠組を改善し、各学校において教育課程を軸に学校教育の改善・充実の好循環を生み出す「カリキュラム・マネジメント」の実現を目指すことが求められている。

①「何ができるようになるか」

②「何を学ぶか」

③「どのように学ぶか」

④「子供一人一人の発達をどのように支援するか」

⑤「何が身に付いたか」

⑥「実施するために何が必要か」

資質・能力に共通する要素としては、知識・技能に関するもの、思考や判断、表現等にかかわる能力に関するもの、情意や態度等に関するものの3つに大きく分類し、すべての教科等の目標及び内容を「知識及び技能」「思考力、判断力、表現力等」「学びに向かう力、人間性等」の3つの柱で再整理がなされた。

(2) 特別活動で育成を目指す資質・能力

特別活動においては、学んだことを人生や社会での在り方と結び付けて深く理解したり、これからの時代に求められる資質・能力を身に付けたり、生涯にわたって能動的に学び続けたりすることができるようになることが重要である。このことにかかわって、実際の特別活動の指導にあたっては、児童生徒が互いのよさや可能性を十分に発揮して、よりよく成長し合えるような集団活動を、「集団や社会の形成者としての見方・考え方」を働かせながら展開することを通して資質・能力を育むことが大切なのである。

次に育成を目指す資質・能力の3つの柱である「知識及び技能」「思考力、判断力、表現力等」「学びに向かう力、人間性等」それぞれについて特別活動の目標を踏まえて示す。

まずは「知識及び技能（何を知っているか、何ができるか）」である。これは特別活動の目標においては「多様な他者と協働する様々な集団活動の意義や活動をする上で必要となることについて理解し、行動の仕方を身に付けるようにする」である。学級・ホームルームや学校における集団活動とされる特別活動は、よりよい人間関係の形成や合意形成、意思決定をどのように図っていくかということを大切にしている。このような集団活動を通して児童生徒に話合いの進め方やよりよい合意形成と意思決定の仕方、チームワークの重要性や役割分担の意義等について理解させることが必要であり、これらには方法論的な知識や技能の範疇にとどまらず、よりよい人間関係とはどのようなものか、合意形成や意思決定とはどのようなことなのか、といった本質的な理解も必要である。

このような観点からは知識や技能を教授するのではなく、各教科・科目等において学習したことも含めて、特別活動の実践活動や体験活動を通して体得させていくようにすることが重要である。

次に「思考力、判断力、表現力等（知っていること、できることをどう使うか）」である。これは特別活動の目標においては「集団や自己の生活、人間関係の課題を見いだし、解決するために話し合い、合意形成を図ったり、意思決定したりすることができるようにする」である。特別活動では、学級・ホームルームや学校における様々な集団活動を通して、集団や自己の生活上の課題や他者との関係の中で生じる課題を見いだすことができる。その解決のために話し合い、決まったことを実践するのである。さらに進んで実践したことを振り返ってまた次の課題解決に向かうといった一連の学習過程において、児童生徒が各教科・科目等で学んだ知識などを課題解決に関連付けながら主体的に考えたり判断したりすることを通して、個人と集団とのかかわりの中で合意形成や意思決定が行われ、こうした経験や学習の積み重ねにより、課題解決の過程において必要となる「思考力、判断力、表現力等」が育成されるのである。

最後に「学びに向かう力、人間性等（どのように社会・世界と関わり、よりよい人生を送るか）」である。これは特別活動の目標においては、「自主的、実践的な集団活動を通して身に付けたことを生かして、集団や社会における生活及び人間関係をよりよく形成するとともに、自己の生き方についての考えを深め、自己実現を図ろうとする態度を養う」にあたる。特別活動においては、集団活動の意義や役割を理解し、多様な他者とかかわる上で、様々な活動に自主的、意識的にかかわろうとする態度を養うことが必要である。

【引用・参考文献】

文部科学省　2008　小学校学習指導要領　特別活動編　東洋館出版社
文部科学省　2008　中学校学習指導要領　特別活動編　ぎょうせい
文部科学省　2009　高等学校学習指導要領　特別活動編　海文堂出版
文部科学省　2017　小学校学習指導要領解説　特別活動編　東洋館出版社
文部科学省　2017　中学校学習指導要領解説　特別活動編　東山書房
文部科学省　2018　高等学校学習指導要領解説　特別活動編　東山書房

第4章 学級活動の実践

1　学級活動の目標及び内容

平成29(2017)年3月に告示された学習指導要領において、小・中学校共通の学級活動の目標は、以下のように定められている。

> 1　目標
> 　学級や学校での生活をよりよくするための課題を見いだし、解決するために話し合い、合意形成し、役割を分担して協力して実践したり、学級での話合いを生かして自己の課題の解決及び将来の生き方を描くために意思決定して実践したりすることに、自主的、実践的に取り組むことを通して、第1の目標に掲げる資質・能力を育成することを目指す。

(1) 小学校における内容

上述の目標を受け、小学校学習指導要領「第6章　特別活動」では、学級活動の内容については次のように示されている（一部抜粋）。

> 2　内容
> 　1（目標）の資質・能力を育成するため、全ての学年において、次の各活動を通して、それぞれの活動の意義及び活動を行う上で必要となる

ことについて理解し、主体的に考えて実践できるよう指導する。
(1) 学級や学校における生活づくりへの参画
　ア　学級や学校における生活上の諸問題の解決
　イ　学級内の組織づくりや役割の自覚
　ウ　学校における多様な集団の生活の向上
(2) 日常の生活や学習への適応と自己の成長及び健康安全
　ア　基本的な生活習慣の形成
　イ　よりよい人間関係の形成
　ウ　心身ともに健康で安全な生活態度の形成
　エ　食育の観点を踏まえた学校給食と望ましい食習慣の形成
(3) 一人一人のキャリア形成と自己実現
　ア　現在や将来に希望や目標をもって生きる意欲や態度の形成
　イ　社会参画意識の醸成や働くことの意義の理解
　ウ　主体的な学習態度の形成と学校図書館等の活用

また、内容の取り扱いについては、小学校では２学年ごとに次のように配慮事項が示されている。

３　内容の取扱い
(1) 指導に当たっては、各学年段階で特に次の事項に配慮すること。
〔第１学年及び第２学年〕
　話合いの進め方に沿って、自分の意見を発表したり、他者の意見をよく聞いたりして、合意形成して実践することのよさを理解すること。基本的な生活習慣や、約束や決まりを守ることの大切さを理解して行動し、生活をよくするための目標を決めて実行すること。
〔第３学年及び第４学年〕
　理由を明確にして考えを伝えたり、自分と異なる意見も受け入れたりしながら、集団としての目標や活動内容について合意形成を図り、実践すること。自分のよさや役割を自覚し、よく考えて行動するなど節度ある生活を送ること。

〔第5学年及び第6学年〕
相手の思いを受け止めて聞いたり、相手の立場や考え方を理解したりして、多様な意見のよさを積極的に生かして合意形成を図り、実践すること。高い目標をもって粘り強く努力し、自他のよさを伸ばし合うようにすること。

(2) 中学校における内容

中学校学習指導要領「第5章　特別活動」によると学級活動の内容は、次のように示されている（一部抜粋）。

2　内容
1（目標）の資質・能力を育成するため、全ての学年において、次の各活動を通して、それぞれの活動の意義及び活動を行う上で必要となることを理解し、主体的に考えて実践できるように指導する。
(1) 学級や学校における生活づくりへの参画
　ア　学級や学校における生活上の諸問題の解決
　イ　学級内の組織づくりや役割の自覚
　ウ　学校における多様な集団の生活の向上
(2) 日常の生活や学習への適応と自己の成長及び健康安全
　ア　自他の個性の理解と尊重、よりよい人間関係の形成
　イ　男女相互の理解と協力
　ウ　思春期の不安や悩みの解決、性的な発達への対応
　エ　心身ともに健康で安全な生活態度や習慣の形成
　オ　食育の観点を踏まえた学校給食と望ましい食習慣の形成
(3) 一人一人のキャリア形成と自己実現
　ア　社会生活、職業生活との接続を踏まえた主体的な学習態度の形成と学校図書館等の活用
　イ　社会参画意識の醸成や勤労観・職業観の形成
　ウ　主体的な進路の選択と将来設計

こうした内容の取り扱いについては、以下のように述べられている。

> 3　内容の取扱い
> (1)　2の(1)の指導に当たっては、集団としての意見をまとめる話合い活動など小学校からの積み重ねや経験を生かし、それらを発展させることができるよう工夫すること。
> (2)　2の(3)の指導に当たっては、学校、家庭及び地域における学習や生活の見通しを立て、学んだことを振り返りながら、新たな学習や生活への意欲につなげたり、将来の生き方を考えたりする活動を行うこと。その際、生徒が活動を記録し蓄積する教材等を活用すること。

こうした活動内容は、学習指導要領解説でも触れられているが、まさに学校生活及び学級活動の基盤をなすものである。自己存在感や有用感を獲得し、充実した生活を送っていくためにも、児童生徒による自主的、実践的な活動が求められる。

2．学級活動の実践

学校生活の全体に大きな影響を与える学級活動は、教師のまさに「腕の見せ所」であるといってよい。登校から下校まで、学習時間内のふるまいはもちろんのこと、意欲的に活動すること、いじめや暴力をふるわない、みんなのいやがることをしない、マナーやルールを守ることなど、学級活動が安心で安全な学校・学級生活を維持する役割を担っている。

学校生活を送る上でなにか問題が発生した時に、学級会などで話合い活動を行うことは学級活動の中心的な活動である。しかし、日常的な活動の中で行われる学級担任や教師とのかかわりは、それ以上に子どもたちにとって大きな影響を与えていると考えられる。学級活動はともすると、問題に対処するための指導が役割の中心的なものであると考えられがちであるが、問題を発生させないための予防的かつ積極的な生徒指導的な働きを見逃すことはできない。子どもたちが自主的に自分たちの生活の向上を考え問題に対処しようとする態度こそが、生徒指導にとっては最も効果的であると考えられている。

では一体どのようにしたら自発的で自治的な学級活動を行うことができるのだろうか。ここでは、小学校の学級活動の実践例を取り上げながら、学級活動の可能性や教師の指導法、支援の在り方について考察してみたい。なお、この実践例は指導上のポイントを取り上げている数多くの情報から創作したものであり、登場する固有名詞はすべて架空のものである。

（1）老人ホームを訪問しよう

ここで登場するのは、Ａ小学校４年１組の36人である。

６月下旬、４年２組と共に学校の近所にある通所型老人介護施設（以下、老人ホーム）を訪問しようということを学級担任たちが相談し、子どもたちに提案することになった。２クラスとも３年生から学級担任が変わらない中、５月に行われた大きな学校行事である運動会が無事に成功するなど、子どもたちの成長も感じとれるようになってきた。そこで学級担任らは、この時期に、さらに活動の幅を広げて学びの機会を広げてほしいと考えた。

職員会議に提案したところ、安全面や先方への配慮を十分に行うことを条件に許可された。それを受けて事前に近隣の２カ所の老人ホームに連絡し、訪問が可能かどうか問い合わせを行ったところ、２カ所とも快く引き受けてくれた。

施設からの許可を待って、２クラス集めた学年集会を開いて老人ホームの訪問計画を提示したところ、子どもたちは大張り切りで賛成してくれた。具体的な計画は各学級の学級会で決めることにしたのだが、学級担任としてはやらせてあげたいという期待と大丈夫かなという不安が入り混じった気持ちであった。

(2) 訪問計画の立案

4年1組は学校からバスで10分ぐらい離れた「みどり荘（仮称）」を訪問することになった。そこで具体的な訪問計画を練るために学級会を開くことにした。学級会の流れは以下のとおりである。

司会役の2人の児童が前に出る。

「今日の議題は『みどり荘を訪問しよう』です。皆さん真剣に話し合ってください」。司会者が開会を告げる。

主な議題としては訪問時に行う発表の内容と役割の選定である。訪問するからには、何か利用者の方たちが楽しめるものを発表させたい。そのためにはどんなことをすればよいのか。話合いは、大いに盛り上がった。グループごとの議論の時間を経た上で、いろいろな意見が出てきた。

「劇がいいと思います」「クイズ大会がやりたい」「ダンス！」

次から次へと、自分たちのやりたいことがたくさん出てきた。でも、それだけでは困るなと、学級担任が話合いに入っていこうかどうしようか悩んでいたとき、一人の女子、学級委員のりのちゃんが手を挙げた。

「ちょっと、いろんな意見が出るのはいいけど、少しずれてきているような感じがするんですけど」。

すると、

「それってどういうことですか？」と、司会者が尋ねる。

「なんか、聞いているとみどり荘の人たちを喜ばせるっていうより、自分たちがやりたいことを言っているだけのような気がします」。

「りのちゃんは気付いてくれたか、そしてみんなもわかってくれるといいけど」と、学級担任は内心思った。

発言のとおりだった。みんなが老人ホームに行って「楽しみたい」気持ちはよくわかるのだが、ここは「楽しませる」ことを第一に考えてほしい、というのが学級担任の願いなのである。

司会者にも、りのちゃんの言いたいことがどうやら届いたようだ。

「私もそう思いました。みなさん、今回のみどり荘訪問では、どうやったらお年寄りも楽しませ、自分たちも楽しめるかということが大切だと思います。みなさんに喜んでいただけるような内容を考えて下さい」。

司会者に促され、改めてみんなで考えることになった。

事前にみどり荘と打ち合わせを行ったところ、訪問するのは6月の第4週と決まり、練習期間も短く、無理なことはできない。

(3) 喜ばせるために――「踊り」と「合奏」

学校の外に出かけて、社会との交流を深めながらコミュニケーション能力を高めたり、公共性を学んだりすることは子どもたちにとって大きな学びの機会となる。その学びを保証し、支援するためにも、最低限守らなければならないルールがあることを伝えなくてはならない。特に老人ホームという施設では、通所してくる方々への配慮が求められる。楽しい時間を過ごしていただこうとして訪問しているのに、不快な思いをさせたり敬遠されたりしては本末転倒である。学級活動を含め、特別活動において大切なことは、活動の目的を計画段階から実行、評価（振り返り）の段階まで見失わないことである。それを子どもたち自身に気付いてもらうことが、大きなポイントである。

再度グループでの話合いが行われた。りのちゃんや司会者の言葉はきちんと届いたようだった。グループ内の会話に耳を傾けてみる。

「あまり騒がない方がいいよね」「ゲーム大会とかクイズって難しいんじゃないのかなあと思って」。今度は、どうやらお年寄りの方々への配慮が感じられる意見が出てきた。

「どういう内容がよいか意見を出してください」。仕切り直しである。今度は、相手の立場に立った意見やアイデアが出てきた。しかも練習期間の短いことやみんなの役割などにも言及する提案が含まれており、目的が明確になった。子どもたちの思考力に驚かされる。話合いの結果、訪問時に行う発表の内容は、「地域の伝承踊り」と「合奏」ということになった。

伝承踊りは、地域に伝わる農作業の様子を踊りとしたものである。5月に行われた運動会で4年生全員が参加し、家族や地域の方々に披露し

コラム

学級活動と他の教科・領域との関連

学級活動を考えるときに、他教科との関連を図ることは意義深い。ここで取り上げた実践例のように校外へ出かけて行う活動では、その取り組みに時間がかかり学級活動の時間だけではうまく活動できないことがある。そんな時に、たとえば伝承踊りを体育の時間の表現活動として練習したり、総合的な学習の時間の取り組みとして学んだりするということも考えられるし、朝や放課後などの時間を積極的に活用することもあり得るだろう。なすことによって学ぶ、集団活動を通して学ぶという特別活動及び学級活動の目的を考えたときに、その時間だけの取り組みではなく、教育課程の全体を通じた取り組みを行っていくことは大切なポイントである。

他教科の学習を特別活動に生かすこと、特別活動で学んだことを他教科や学校生活に活用することを通じて、子どもたちの学びは意味ある学び、文脈的に位置付けられた学びとして生活と密接にかかわりあっていく。特別活動は、日常に生起する様々な問題状況を子どもたち自身の手で自主的に改善しようとする資質を錬成することをねらいとしており、学級活動はその中核をなす活動ということができる。特別活動の中で学級活動のみが時間割の中に位置付けられ、実施時数が定められていることからも学級活動の重要性が感じられる。そのためにも、他教科や学校行事などとの連携を図りながら計画を立案していくことが必要なのである。

ていた。練習には相当時間がかかったが、完成した踊りの発表は観覧者の大かっさいで無事に終えることができた。大きな拍手を浴びた子どもたちはとてもうれしそうであった。その時の喜びや一度演じていることの安心感に加え、再演ということから練習時間も少なくてすむのではないか、という計算が働いたようである。この演目だと施設を利用する地域のお年寄りたちも喜びそうだし、よい選択だと学級担任は考えた。

もう一つの合奏は、ちょうど音楽の時間に学習していた曲があるので、その曲ともう1曲、さらに合唱の曲を加えた3曲を演奏しようということになった。子どもたちの合唱や合奏は老人らに喜んでもらえるだけでなく、施設の方々にも喜んでもらえそうだと予想された。

(4) 張り切って練習する子どもたち

発表内容が決まると、今度は役割分担である。踊りには太鼓が必要だし、合奏する場合には楽器の分担、合唱の際には伴奏者と、役割を分担するのは大変だなあと学級担任が考えていたところ、子どもたちの方が自分たちのことをよくわかって役割分担を行った。

「じゅんくんは太鼓が得意だからセンターね。まゆちゃんとりえちゃんと3人でがんばってね」「たて笛やりたい人いませんか」「伴奏は、ゆきちゃんとあつこちゃんがピアノが得意だからお願い」。

学級のみんなの個性は子どもたち自身がよくわかっていた。得意な人、苦手だけど誰かと一緒ならできる人などを考慮し、実に手際よく役割を分担していったのである。練習の方法や場所、チームなども決め、さっそくその日から練習を開始することになった。すると、合奏が苦手な男子には得意な女子が指導し、太鼓が得意な男子は女子に教えるというように、チームとなって練習に取り組む姿勢がみられるようになったのである。教えるものも学ぶものも、その顔は真剣でありながら、それでいてとても楽しそうだった。

練習が続いていたある日、みどり荘と訪問計画についての確認の連絡を取ることにした。訪問日時は変更がないこと、子どもたちは発表のための練習に頑張っていることなどを伝えた。みどり荘の方からも、通所される方たちが楽しみにしていること、当日は20名程度が参加される、会場は1階のホール、時間は30分程度、ということが話された。子どもたちにその話を伝えると、さらに張り切って練習に取り組むようになった。訪問予定の日は、もう目の前に迫ってきていた。

(5) みどり荘訪問

いよいよ待ちに待ったみどり荘訪問の日。4年1組の36人は、1人の欠席者もなく、みんな楽しみにこの日を迎えた。

バスに乗り込み、みどり荘に向かう。途中の車内ではみんな楽しそうだ。学級担任と副学級担任の2人も不安がないわけではないが、子どもたちの訪問に対する意欲的な取り組みを見てきたことから、とても楽しみにしていた。バスは静かにみどり荘の玄関口へと滑り込んでいった。

「よろしくお願いします！」学級委員の掛け声とともにみんな元気に挨拶をし、張り切って玄関口から入ろうとした。その時だ。

「すみません、先生ありがとうございました。今日は、お年寄りの方たちもすごく楽しみにしていて、予定よりたくさん通所してくださっています。それで会場を1階と2階の2か所に用意しているのですが、2か所で実施をお願いできますか」。

「えっ！」。学級担任は、とても驚いた。「そのような話は初耳で、なにより子どもたちは、クラスで一つの発表を行うために役割分担を決めて練習してきている。それを今さら2グループに分けるなんて……ちょっと無理だなあ」と考えていたときである。

「わかりました。いいですよ」。所員の方と学級担任の話を隣で聞いていた学級委員の子が言い出した。

「りのちゃん、それにじゅんくん、まりちゃん来て」と今回の訪問のリーダー役の子たちに声をかけると、太鼓や伴奏、合奏の楽器担当など、すべての役割を2つに分け始めたのだ。大丈夫なのか学級担任が確認すると、「先生、大丈夫ですよ。みんな練習頑張っていたし」というのである。

ここまで来たからには子どもたちに任せようと、学級担任は1階、副学級担任は2階についていくことにした。2グループに分かれたことに不安を感じながらも会場のホールに入っていくと、そこには大勢のお年寄りたちが待っていて、子どもたちが入っていくと大喜びであった。

最初の挨拶が終わり、いよいよ子どもたちの出番である。衣装に着替えて伝承踊りからスタートした。本来は3人でたたくはずだったのに、図らずもリーダーのじゅんくん1人の太鼓になってしまったのだが、そんなことはみじんも感じさせずに、堂々としたじゅんくんにリードされてみんなとても上手に踊った。次は、合唱と合奏である。伴奏役と歌声は半分だったが、そんなことを感じさせない明るく元気のよい歌声と合奏に、会場は大いに盛り上がった。

（6）予定外の出来事

予定の30分近くの交流が無事に済み、「良かった！」と思った学級担任に、ホールのはじの方で楽しそうに観ていた所員の方が再び告げた。

「先生すみません。もう少し時間があるので何かどうぞ」。

「ええっ！　発表の準備はもう予定してきていないし、これ以上は無理ですよ」。そう思った学級担任は、その旨を伝えようと所員の方に近づこうとしたその時、学級委員から驚きの発言が飛び出した。

「それではみなさん、これから『ふれあいタイム』です。お年寄りの方たちと楽しくお話してください」。

これには学級担任も、度肝を抜かれた。学級担任は何も聞かされていなかったのだ。それでも、学級委員の掛け声をきっかけに、次々とお年寄りのもとに子どもたちは近づいて行き話しかける。たくさんの子どもたちが間近に来てくれることに涙を流しながら喜んでいる姿も見られた。手を握りしめられて照れている子どもたちの姿も印象的であった。

「どうしたの。こうするって決めてきたの？」と学級担任は学級委員の子に声をかけた。

「なんとなく、踊りや歌だけでは寂しいから、お年寄りを喜ばせたいねって、学級委員の３人で話し合っていたんです！」

お年寄りを喜ばせるために、という目的から考えるとそういうところまで子どもたちは考えるのか、とこの言動から学級担任は子どもたちに気付かされたのである。その後、２階のグループについていった副学級担任からも、「まるで予定の行動だったみたいに、触れ合っていましたよ」と報告があり、学級担任らは驚くばかりであったが、子どもたちのその振る舞いは、実に鮮やかであった。

3　子どもたちの自主的な学級活動のために

ともすると学級活動は、教師が主導しながら子どもたちの計画を支援するというスタイルが多い。それは個々のクラスの発達段階を考えても妥当な判断であろう。しかしながら、時には本章で紹介したように、教師の思惑を超えて子どもたちが活躍することも十分にありうる。

子どもたちが活動への意欲や関心を十分に高めることで、自主的で積極的な活動を組み立てることが可能であることを示してくれる事例である。そのため、教師はどうすればよいのかということを、以下の①から③の観点について事例から探ってみよう。

① 子どもたち同士の自由で公平なネットワークを構築する。
　みんなの個性を知り、役割を公平に配置すること、教え合ったり学び合ったりするときにも、どの子も満足できるような信頼関係のネットワークを築くことが必要である。
② 教師の支援と準備
　目的を明確にしながら実際の活動に向けての方針や計画を持った指導を行いながら、そのための子どもたちへの支援の準備をすることは大きなポイントである。
③ 子どもたちへの信頼
　教師の指導方針を持ちながらも、子どもたちの自主的な実践のためには信頼感を持って活動を見守る姿勢が不可欠となってくる。

　先述した事例のように、目的を明確にしながら子どもたちが自主的な学級活動に取り組むということは、まさに特別活動のねらいの具現化につながる実践であるといえよう。自主性を尊重しつつ、計画的に実施することに教師は腐心していかなければならないのである。

第5章 児童会・生徒会活動の実践

1　児童会・生徒会活動の目標と内容

(1) 生徒会活動と児童会活動の目標

生徒会活動の目標は、中学校学習指導要領第5章の第2の〔生徒会活動〕の1「目標」及び高等学校学習指導要領第5章の第2の〔生徒会活動〕の1「目標」において次のように示されている。

> 1　目標
> 異年齢の生徒同士で協力し、学校生活の充実と向上を図るための諸問題の解決に向けて、計画を立てて役割を分担し、協力して運営することに自主的、実践的に取り組むことを通して、第1の目標に掲げる資質・能力を育成することを目指す。

生徒会活動は、全校の生徒を会員として組織し、学校生活の充実・発展や改善・向上を目指して、生徒が自主的・自治的に行う活動である。この活動を通して、集団や社会における生活や人間関係をよりよくしようとし、協力して問題解決しようとする自主的、実践的な取り組みを行うことで、資質・能力を育成することを目標とする。

さらに、この目標を実現する過程で生徒の自主性を育てるとともに、異年齢集団で構成される学校生活の充実や向上を図るために、主体的に問題解決に向かうことができるような集団づくりが期待されている。

生徒会活動で育てたい集団生活における人間関係や問題解決に向かおうとする取り組みとは、一人一人の生徒が生徒会組織の一員としての自覚と責任感を持ち、役割分担をしながら協力し合おうとすることを目指している。この生徒会活動で育てる自主的、実践的な取り組みを支援するためには、そうした活動を経験する場の確保や計画的な活動の配置など学校の効果的な指導体制や教師による適切な指導援助が必要となる。

なお、小学校の児童会活動については、小学校学習指導要領第6章第2〔児童会活動〕で次のように示されている。

> 1　目標
> 異年齢の児童同士で協力し、学校生活の充実と向上を図るための諸問題の解決に向けて、計画を立てて役割を分担し、協力して運営することに自主的、実践的に取り組むことを通して、第1の目標に掲げる資質・能力を育成することを目指す。

生徒会活動と児童会活動の目標は、「生徒」「児童」の部分が異なったものとなっている。

(2) 児童会活動と生徒会活動の内容

児童会活動と生徒会活動の内容は、小学校学習指導要領第6章第2〔児童会活動〕の〔2内容〕、中学校学習指導要領第5章第2〔生徒会活動〕の〔2内容〕及び高等学校学習指導要領第5章第2〔生徒会活動〕の〔2内容〕に示されている（表5-1参照、一部抜粋）。

生徒会活動は、全校の生徒が協力して目標の達成を図る活動である。その活動内容には、生徒会の組織づくりや運営、異年齢集団の交流や実践活動、部活動など生徒の諸活動についての連絡調整、学校行事の企画・運営に協力する活動、さらにボランティア活動などがある。これら

表5－1　児童会活動・生徒会活動の内容

児童会活動（小学校）の内容	生徒会活動（中学校・高等学校）の内容
１の資質・能力を育成するため、学校の全児童をもって組織する児童会において、次の各活動を通して、それぞれの活動の意義及び活動を行う上で必要となることについて理解し、主体的に考えて実践できるよう指導する。 (1) 児童会の組織づくりと児童会活動の計画や運営 　児童が主体的に組織をつくり、役割を分担し、計画を立て、学校生活の課題を見いだし解決するために話し合い、合意形成を図り実践すること。 (2) 異年齢集団による交流 　児童会が計画や運営を行う集会等の活動において、学年や学級が異なる児童と共に楽しく触れ合い、交流を図ること。 (3) 学校行事への協力 　学校行事の特質に応じて、児童会の組織を活用して、計画の一部を担当したり、運営に協力したりすること。	１の資質・能力を育成するため、学校の全生徒をもって組織する生徒会において、次の各活動を通して、それぞれの活動の意義及び活動を行う上で必要となることについて理解し、主体的に考えて実践できるよう指導する。 (1) 生徒会の組織づくりと生徒会活動の計画や運営 　生徒が主体的に組織をつくり、役割を分担し、計画を立て、学校生活の課題を見いだし解決するために話し合い、合意形成を図り実践すること。 (2) 学校行事への協力 　学校行事の特質に応じて、生徒会の組織を活用して、計画の一部を担当したり、運営に協力したりすること。 (3) ボランティア活動などの社会参画 　地域や社会の課題を見いだし、具体的な対策を考え、実践し、地域や社会に参画できるようにすること。

（筆者作成）

の活動内容は相互に関連し合い、学級活動（小・中学校）・ホームルーム活動（高等学校）や学校行事などとも深く関連している。

１）生徒会の組織づくりと生徒会活動の計画や運営

この活動内容は、生徒会活動の計画や運営に関してのあらゆる活動を意味する。生徒会行事など生徒会の直接的な活動の企画・立案と実施、生徒会の規約や組織の改廃、役員を含む各種の委員の選出をはじめ、日常的に実践され、活動の中心である各種の委員会活動などのすべてが含まれる。たとえば次のような具体的な活動がある。

①　学校生活における規律とよき校風の確立のための活動

生徒が充実した学校生活を送るためには、学校生活における規律が必要であるとともに、生徒が進んでその規律を守ることが大切である。規律は、とかく拘束的なもののように受け取られやすいが、公平・公正で、豊かな充実した集団生活を営むために必要である。生徒会活動を通して、規律が生徒の間で正しく実践されるように働きかけ、よりよい校風を確立し、継承・発展させていくことを目指す活動である。

②　環境の保全や美化のための活動

学校の環境の整備は、基本的には学校の管理責任に属する。しかし、生徒がその保全に努め、清潔に保つ努力をしなければその維持は望めない。そこで、校内の美化運動や緑化運動を推進したり、資源やゴミ問題等への課題意識を深めたりする活動などが考えられる。

③　生徒の教養や情操の向上のための活動

学校新聞や校内放送の活動、生徒会誌の編集・発行、図書館の活動や読書会・音楽鑑賞会・各種の文化的な発表会、地域行事等の紹介などが考えられる。創意工夫の余地が大きく、自主的で創造的な活動が望まれる。

④　好ましい人間関係を深めるための活動

新入生を迎える会や卒業生を送る会、校内球技大会、各種のレクリエーションなどの行事が考えられる。これらの活動を通して所属感や連帯感が高められる。

⑤　身近な問題の解決を図るための活動

学校生活における身近な問題を取り上げ、生徒全員の問題として、その解決を図る活動である。たとえば、生徒会新聞で学校生活上の問題点について広く意見を求めたり、集団生活におけるルールやマナーについて訴えたりすることが考えられる。いじめや暴力などの問題を生徒会として取り上げ、生徒集会などで話し合うことは、自己のこれまでの生き方を見つめ、正義感や倫理観を身に付ける大切な機会となる。教師の適切な指導と生徒の真摯な取り組みを通して、課題解決に全力であたることが求められる。

2）学校行事への協力

学校行事は、全校または学年を単位として実施されることが多い。より効果的な学校行事の実施には、生徒がそれぞれの行事の趣旨をよく理解し、協力することが大切である。そこで生徒会は、それぞれの行事の内容に応じて、計画や実施に積極的に協力し、参加することが大切になってくる。たとえば、生徒会でも生徒の立場で実行委員会を組織したり、各種の委員会等の活動の中に学校行事への協力を位置付けることで、学校行事に参加し協力する意識を高めることができる。

また、この活動を通して、生徒相互の連帯感が深まり、さらに活動の幅も広がる。実施にあたっては、生徒会の立場から自主的、積極的な協力ができるように教師は適切な指導をする必要がある。それぞれの行事の特質に応じた積極的な参加・協力が、その行事を充実させ、愛校心や学校への所属感を深め、よりよい校風の確立と伝統の継承、発展を図ることにつながる。

3）ボランティア活動などの社会参画

ボランティア活動や地域の人々との幅広い交流などの社会参加や社会貢献は、生徒が社会の一員であることの自覚と役割意識を深め、人間尊重の精神に立って、「社会の中で共に生きる」「豊かな人間性を培う」や「自分を見つめなおし自己実現に向け人生を切り拓く力を育む」ことにつながる。

たとえば、地域の福祉施設や社会教育施設等でのボランティア活動、地域の文化・スポーツ行事、防災や交通安全などへの参加・協力、さらに、学校間の交流、幼児や高齢者との交流、障害のある人々などとの交流及び共同学習など、多様な活動がある。その教育的ねらいを十分に吟味し、教職員全体の共通理解と適切な指導、家庭や地域との十分な連携・協力を図り、生徒の自主的・自発的な活動を助長することが大事である。もちろん、生徒会活動（異年齢集団との交流）や学校行事として行うボランティア活動と関連を図ることも忘れてはならない。また、校外の活動の実施にあたっては、生徒の安全に十分配慮する必要がある。

2　指導計画作成と内容の取り扱い

（1）指導計画作成にあたっての配慮事項

１）学校の創意工夫を生かすとともに、学校の実態や生徒の発達の段階などを考慮し、生徒による自主的・実践的な活動が助長されるようにする

①　学校の創意工夫を生かすこと

生徒会活動は、生徒の学校生活全般を活性化し、豊かにする。また、学校外の活動を通して学校と地域を結び付ける役割も果たしている。学校の創意工夫を生かし、地域の特色や生徒の実態を踏まえて作成した指導計画が、特色ある活動の展開や充実した学校生活を生み出す。

②　学校の実態や生徒の発達の段階などを考慮すること

学校の規模、教職員の組織や校務分掌、施設・設備などの諸条件や地域社会の実態などを考慮する。一部の生徒の活動ではなく、一人一人の生徒に生徒会組織の一員としての自覚をもたせるような指導計画を作成する必要がある。小・中学校での特別活動等の経験や学びを生かして、自治的な活動に関する知識や経験の程度、社会性や公共性にかかわる資質や能力・態度なども十分に把握して、指導計画を工夫することが大切である。

生徒の発達的な特徴をとらえ、興味・関心、能力・適性に関する十分な生徒理解に基づいて、重点目標、指導の内容、活動の方針などを

明確にした指導計画を作成することが大事である。

③　生徒による自主的、実践的な活動が助長されるようにすること

生徒会活動では、活動内容の特質に応じて、できるだけ生徒自らが活動計画を立てるように指導・援助することが大切である。中学生・高校生ともなれば、教師から与えられた計画に従うだけでは活動意欲が高揚しないこともある。そこで、活動内容の特質に応じて、生徒による自主的・実践的な活動が助長されるよう指導することが重要である。しかし、初めから自主的・実践的に取り組めるわけではない。小・中学校での活動の経験や上級生のリーダーシップを生かすなどの教師の適切な指導・援助で、活動計画を立てさせることが大切である。なお、「異年齢集団による交流」は、担当する教師同士が十分に連携を図ることが必要であることに留意する。

生徒会活動の全体を通して、教師と生徒及び生徒相互の好ましい人間関係を深めるようにし、生徒が自主的に判断・行動し、積極的に自己を生かしていくことができるように配慮することが大切である。一人一人が何らかの役割を持ち、自己の責任や判断に基づいて仕事を遂行し、充実感や存在感を感じ取らせることのできるような指導計画を作成する必要がある。

2）各教科、道徳及び総合的な学習の時間などの指導との関連を図る

各教科、道徳、総合的な学習の時間、特別活動の学習活動は、それぞれ独自の教育的意義をもつ。学校教育はそれらを相互に関連させて、全体として教育目標の達成を目指すものである。そこで、生徒会活動の指導計画作成の際には、各教科や道徳などの学習の成果を生かすようにすることが大切である。たとえば、各種の委員会の活動方針や計画の作成の際には、道徳の時間や各教科、総合的な学習の時間との関連を図り、活動のねらいを明確にし、活動する内容に広がりを持たせることなどが大切である。

３）家庭や地域の人々との連携、社会教育施設等の活用などを工夫する

校外に目を向けた生徒会活動も教育的意義が大きい。他校との相互交流、地域社会との連携など、校外での活動への広がりを図ることが重要である。家庭や地域との連携やその教育力の活用により、地域の自然や文化・伝統を生かし、社会教育施設等を活用した教育活動を展開することが必要である。

４）生徒指導の機能を生かす

生徒会活動においては、教師と生徒及び生徒相互の好ましい人間関係を深めるように配慮することが大切である。生徒会活動は、学級を離れて年齢が互いに異なる成員による組織や集団に分かれて活動することも多い。こうした場面では、生徒の中には様々な悩みや問題をかかえることもある。したがって、担当教師と学級担任が連携して教育相談を行えるように配慮した計画を作成することが大切である。

５）年間指導計画の作成

生徒会活動の指導は、各種の教育活動や生徒の学校生活の流れなどとの関連を図りながら、学校全体として計画的に展開されていく必要がある。指導計画においては教育活動全体の流れを明確にし、生徒自らが活動計画を作成できるよう配慮することが重要である。そのため、各組織別の指導の方針を明確にするとともに、生徒が作成する組織ごとの活動計画を十分に配慮し、教職員の共通理解と協力を基盤にすることが大切である。また、生徒の発達的な特徴をとらえ、生徒の希望や関心を知り、それを踏まえることも重要である。

生徒会活動の年間指導計画に示す内容例としては、「生徒会活動の目標」「生徒会の組織と構成」「年間に予想される主な活動」「活動時間の設定」「活動場所・必要な備品、消耗品」「指導上の留意点」「教職員の指導体制」などがある。

表5－2　生徒会組織と役割の参考例

組織の名称	生徒総会	生徒評議会	生徒役員会	専門委員会や実行委員会
構成メンバー	全校生徒	各組織（学級・委員会・部など）の代表	選挙で選出された役員	各学級から選出
機能	最高議決機関	生徒総会に次ぐ審議機関	生徒会の代表 生徒会活動推進の中核	日常的な実践活動 学校行事などの推進
主な仕事	年間活動計画の決定 年間活動報告の承認 生徒会規約の改正 など	提出された議案の審議 諸問題解決にかかわる案件の処理 学級・委員会・部活動などの連絡調整 様々な活動の計画・実施案件の処理 など	生徒会全体の運営や執行 様々な活動の企画、計画 議案の整理、作成、提出 各委員会の招集 など	専門的な日常の活動 学校行事の推進、運営 選挙管理などの推進、運営 など

（筆者作成）

6）生徒会の組織

生徒会の組織は各学校の実情に即して作られる。参考までに一般的な組織と役割（主な仕事）を表5－2に示しておく。

生徒会の組織は、学校の全生徒にかかわる広がりをもち、その運営は学級活動・ホームルーム活動や他の生徒の諸活動とも深く関連し、多面的な役割をもつ。生徒会活動を通して生徒の自発的・自治的に活動する態度や能力を高めていくためには、生徒の自主性・自発性をできるだけ尊重し、生徒が自ら活動の計画を立て、協力して望ましい集団活動を進める必要がある。しかし、生徒の発達の段階からその計画や運営は容易ではない。そこで、教師の適切な指導・援助と、活動に必要な場や機会の計画的な確保も含めた学校の一貫した指導体制のもとでの運営が重要である。

７）生徒会活動に充てる授業時数

生徒会活動は、生徒の自主性、社会性の伸長に深く結び付く活動である。学級活動・ホームルーム活動との関連を図りつつ、活動に必要な場や機会が年間を通じて計画的に確保される必要がある。学校全体、学年などを単位とした適切で無理のない指導計画と授業時数を充てることが必要である。その際、教師の適切な指導のもとに、生徒が自発的・自治的な活動を一層活発に行うようにするよう配慮することが大切である。

(2) 生徒会活動の内容の取り扱い

１）指導内容の特質に応じて、教師の適切な指導のもとに、生徒の自発的・自治的な活動が効果的に展開されるようにする

生徒が自発的・自治的に集団活動を進めるという特質を持つ生徒会活動は、全生徒がそれぞれの役割と責任を分担し、活動計画を立て、主体的に活動を展開する。その過程を通して、特性等を伸ばし、自主的・実践的な態度を高め、豊かな人間性や社会性を養っていくことに大きな意義がある。そこで重要になる生徒の自発的・自治的な活動を助長する指導が「適切な指導」である。生徒会の役割や意義を生徒に理解させ、生徒を中心に置き、必要な情報や資料を十分に提供し、生徒の自主的な活動を側面から援助することが重要である。活動の過程で生ずる課題や困難への対応にも受容的な態度で、継続的に適切な指導・援助をすることが求められる。

一方、この自発的・自治的な活動は特別活動の目標達成のために必要な学習活動の形態の一つであり、その活動には、一定の制限や範囲があることを生徒に理解させ、適切に指導をしていくことが重要である。この指導が効果的に行われるためには、日頃から教師と生徒との触れ合いを深め、信頼関係を築いていくことが大切である。

2）内容相互の関連を図るようにする

自発的・自治的な活動の積極的な展開には、活動に必要な場や機会が年間を通じて計画的に確保されるような工夫が大切である。

「生徒総会」や「生徒会役員選挙」「新入生を迎える会」や「卒業生を送る会」などは、準備の時間も含め、学級活動・ホームルーム活動や学校行事と関連させて、年間計画に位置付ける必要がある。また、「生徒評議会」や「各種の委員会」の活動などは、学級活動・ホームルーム活動との関連を図り、特定の曜日を開催日にする定期化や、活動内容の発表の機会を設けるなどの工夫が大事である。

3）よりよい生活を築くための諸活動の充実を図る

生徒会活動においては、学校生活における課題の解決や、学校生活の改善のための、自発的・自治的な諸活動を充実させる必要がある。そのためには、生徒会を構成する各組織が、校内の生活規律の充実や美化活動、あいさつ運動や遅刻防止運動などの具体的な目標を立て、よりよい学校生活づくりに参画するような取り組みを推進することが必要である。

① 集団としての意見をまとめるなどの話合い活動を充実する

活動を充実させるためには、民主的な手続きによる話合い活動を経て、集団の成員の総意に基づき、取り組むことが大切である。話合い活動の充実は、生徒会活動に生徒が自発的・自治的に取り組んだという自信と意欲につながることから、話合いの意義や内容・方法・手順などを適切に指導することが大切である。話合い活動を進めるためには、小・中学校での経験を生かすとともに、担当の教員の指導のもと、生徒会役員や各種の委員会の委員長等がリーダーシップを発揮して、話合いの準備を進める必要がある。そこで生徒会のリーダー研修会や会議運営の講習会等を設けるなどの工夫も考えられる。生徒総会や行事等の実行委員会、各種の委員会での充実した話合い活動は、各学級における話合い活動が支える。そのため、生徒会活動と学級活動・ホームルーム活動を十分に関連させて、指導することが重要である。

② 自分たちできまりをつくり、守る活動を充実する

中学生・高校生ともなれば、規範意識の社会的意義を十分に理解し、主体的に集団のきまりをつくり、守ることが求められる。学校生活の問題解決や充実・改善、また自主的な学校生活の充実・向上のためきまりをつくり、守ることが大切である。この活動を通して、自発的・自治的に活動に取り組む態度が育ち、次の活動への自信と意欲となる。

具体的には、学校生活の規律や、校内の美化を保持する約束事などをつくり、守る活動が考えられる。これらの活動は、各種の委員会などの限られた集団だけで取り組むのではなく、生徒会全体として生徒一人一人ができることは何かを考えることが大切あり、それが生徒の役割の自覚と責任の遂行につながる。ここでも教師の働きかけが重要で、担当の教師同士が連携し、生徒が自主的・自発的に活動していると実感できる指導・援助が必要である。

③ 人間関係を形成する力を養う活動を充実する

生徒会活動には、学級や学年の枠を超えて、異年齢の人とかかわるという特質がある。たとえば、生徒総会や各種の委員会など他の学年の人とかかわる活動、ボランティア活動など校外の人とかかわる活動などである。こうした活動を通して、生徒一人一人がよりよい人間関係の構築や自主性・自発性の伸長を図り、自主的・実践的な態度を高め、豊かな人間形成を図っていくことになる。そこで生徒会活動は、人とのかかわりや人の生き方を学ぶなど、人間関係を形成する力を養う活動であることを踏まえて指導することが大切である。

3　実践例（生徒総会実施要項例）

中学校の生徒総会実施要項の例を以下に示す。

○○年４月○日

○○年度　前期生徒総会実施要項例

生活指導部　生徒会担当

１．ねらい

・各組織、生徒個人がこの１年間どのように活動していくのか、その行動目標を確認し決定する。

・生徒全員の意思をこれからの生徒会活動に反映させる。

・生徒一人一人が生徒会の一員であることを自覚し、○○中学校をよりよくするために、積極的に討議し、生徒会活動に参加する。

２．日時・場所　５月○○日（○）５・６校時【13：30～15：20】
体育館

３．当日の動き（流れ）

13：10　生徒会本部役員・各種委員長・議長団、体育館集合
（生徒会担当）　※昼休み中に打ち合わせと準備

13：25　生徒移動開始
※椅子を持って３年→２年→１年の順に移動（放送指示はなし）

13：30　体育館集合（指示は生徒会長）
※学級委員は出欠席の確認後、生徒会本部役員に報告（資格確認）

13：40　開会

プログラム（会次第）

(1)　開会の言葉（生徒会本部）※(1)～(5)、(9)の進行は生徒会本部

(2)　生徒会長のあいさつ

(3) 校長先生の話

(4) 生徒総会についての説明（生徒会本部）

(5) 議長団選出

(6) 議事に先立って　　※(6)〜(8)の進行は議長団

(7) 議事

① △△年度活動報告（生徒会本部、各専門委員会)、会計報告

② 活動報告、会計報告への質疑と議決

③ ○○年度活動方針案（生徒会本部、各専門委員会)、予算案

④ 活動方針、予算案についての質疑と議決

⑤ 学級目標の発表

(8) 議長団解任

(9) 閉会の言葉（生徒会本部）

15：00　閉会　教室移動

※椅子を持って３年→２年→１年の順に移動

4．会場図

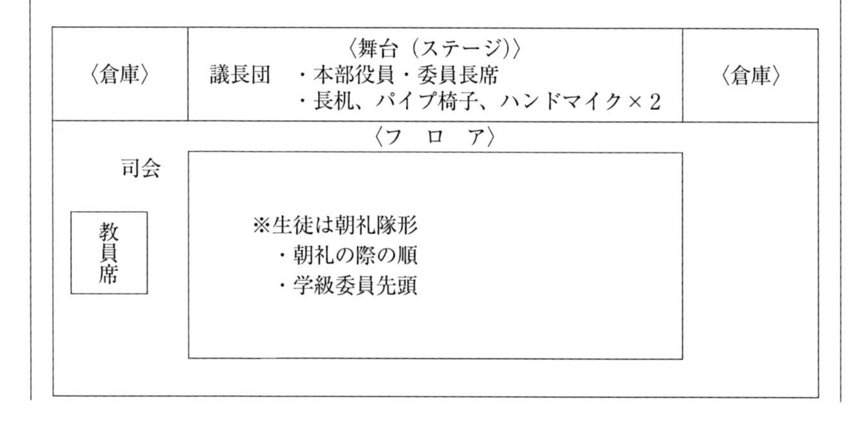

5．行動計画の日程

月/日（ ）	生徒会本部	代表委員会	各専門委員会	学　級
4/○（ ）	総会に向けて打ち合わせ			専門委員選出
4/○（ ）	全生徒への呼びかけ		組織・活動案作成	学級目標の検討
4/○（ ）		議長団選出		
4/○（ ）	本部・各委員会活動案提示 →			
4/○（ ）				→ 各活動案を検討
4/○（ ）	学級での質疑内容を検討		質疑内容を検討	
4/○（ ）	議案書作成		活動方針掲示作成	学級目標ポスター作成
5/○（ ）	議案書配布			議案書綴じ合わせ
5/○（ ）	役員、議長団打ち合わせ			
5/○（ ）	リハーサル 会場準備	リハーサル 舞台準備	リハーサル 会場準備、掲示	リハーサル 学級目標ポスター掲示
5/○（ ）	生徒総会	生徒総会	生徒総会	生徒総会
5/○（ ）	総会での質問事項を検討 ↘		↙ 質問事項を検討	
6/○（ ）		→ 検討案協議 ←		
6/○（ ）				代表委員会の報告

第6章

学校行事の実践

1　学校行事の目標と内容

学校行事は、学習指導要領において、小・中学校でほぼ共通した目標及び内容が次のように示されている（一部抜粋）。

1　目標

全校又は学年の児童（中学校では、生徒）で協力し、よりよい学校生活を築くための体験的な活動を通して、集団への所属感や連帯感を深め、公共の精神を養いながら、第1の目標に掲げる資質・能力を育成することを目指す。

2　内容

1の資質・能力を育成するため、全ての学年において、全校又は学年を単位として、次の各行事において、学校生活に秩序と変化を与え、学校生活の充実と発展に資する体験的な活動を行うことを通して、それぞれの学校行事の意義及び活動を行う上で必要となることについて理解し、主体的に考えて実践できるよう指導する。

(1)　儀式的行事
(2)　文化的行事
(3)　健康安全・体育的行事
(4)　遠足（中学校では、旅行）・集団宿泊的行事
(5)　勤労生産・奉仕的行事

本章では、この中から中学校における「(3) 健康安全・体育的行事」と「(4) 旅行・集団宿泊的行事」を取り上げ、実践例をあげながらその特質や生徒・教職員を含めた学校生活への効果について考えてみよう。

2　中学校における「大運動会」の実践

なんとも奇妙な名称だなあと思った。「校庭大運動会」。

学校行事のスリム化が叫ばれ、いわゆる手間暇がかかる学校行事は縮減されてきている昨今の情勢では、そもそも中学校で運動会を実施していることですら珍しい。高校受験という大きな関門が待ち受けている中学校にとっては、1時間でも学習時間が惜しいはず。さらに大運動会と銘打つようなイベントは、縮小されてきているのが時代の流れである。この中学校では、他にも「合唱祭」という行事もあるのに。しかも「大運動会」の前についている「校庭」とはどういう意味があるのだろうか。そんないくつもの疑問を感じながら、平成 27 (2015) 年度に「第 68 回校庭大運動会」を開催した長野県須坂市立相森中学校を訪問してみることにした。そこには、文字どおりよりよい学校生活につなげるための、生徒が作り上げる学校行事の実践があったのである。

相森中学校は、昭和 22 (1947) 年の学制改革で設立された須坂町立須坂中学校が翌昭和 23 (1948) 年に分離、独立して現在の場所に建てられた。開校当時は一面の畑の中。そんな校地の様子を見るに見かねた地域の方々と教師や生徒も一緒になって運動場の整備にあたったという。ほとんど手作業という苦労を重ね、ついに完成した校庭で、同年 10 月 17 日日曜日に第 1 回創立記念運動会が行われたそうである。

「学校の歴史というより地域住民の思いが詰まった校庭で行われる運動会、ということでこの学校行事に『校庭運動会』という名称がついているのですよ。この名称は外せませんねえ」。そう教えてくれた校長先生はとても嬉しそうであった。校庭大運動会の名称は、相森中学校の歴史とともにあったのである。

そんな地域との深いつながりから生まれた校庭大運動会は、いったいどのようにして開催されているのだろう。計画から実施までの実際の様子を、先生方へのインタビューや資料をもとに紹介していこう。

（1）生徒が主体の校庭大運動会

校庭大運動会への取り組みは、一学期の終わりごろの６月末から７月初めにスタートする。取り組みを開始するにあたって、最も重要な作業は「プロジェクトメンバー」を選出することである。校庭大運動会は生徒会メンバーを中心に行われるが、ある意味において彼ら以上に重要な役割を担うことになるのが、プロジェクトメンバーである。クラスから２～６名ずつ選出されるプロジェクトメンバーとは、学年ごとの表現種目及び競技種目の内容や応援活動の方法、練習体制についての提案など、校庭大運動会に関するほとんどのことについて中心となって計画し、学

写真６－１　全校女子による竹引き

級や学年の活動をリードする生徒たちのことである。

大運動会の種目は、クラス対抗リレーや全校女子による竹引き（写真6－1）など、ほぼ例年決まった種目で行われるが、なかでも見どころは各学年が一つになって行われる表現種目である。

内容は、1年生が「スタンツ（組体操）」、2年生が「ソーラン（表現）」、3年生が「行進」となっている。学校の記録によると20年ほど種目名は変わっておらず、内容の細部に毎年工夫が加えられているらしい。各学年とも、とても力の入った種目となる。

（2）新入学1年生の「スタンツ」

中学校に入学してから半年が過ぎた1年生にとって、学年が一体となって取り組む行事としては、6月の自然体験教室に次いで2回目である。しかし、この大運動会の取り組みは自分たちが主体となって取り組む実質的には初めての大きな行事といってもよく、プロジェクトメンバーにとっては期待と不安が入り混じる。1年生のプロジェクトメンバーが大運動会終了後に、学年通信に載せた感想がそれを物語っていた。

「137人のスタンツ」……1年プロジェクトメンバー

ぼくたちプロジェクトメンバーにとっては夏休みからスタンツが始まりました。はじめの方は、係決めや目指すスタンツを決めて、だんだん具体的な中身に入っていきました。見本として見せる技の練習をしたり、どんな技を入れたらいいか考えたりしました。見本はきちんとできたので良かったです。少し内容が変更になったりして大変だったけど、みんなで支え合って何とかなりました。

本番近くになると、なぜか集中力が切れ始めて、練習中もざわざわして、先生に怒られるようなことがあり、「本番このままでいいのかな」と思うようになってきました。でも、みんなの心がShine＊のように輝き、一つになり始め、運動会当日を迎えました。そしてスタンツは大成功となり、とてもいいものになりました。本当にありがとうございました。

（1学年通信「壮」より。一部略）

＊注）平成27年度の校庭大運動会のテーマが「瞬輝」であり、それに関連させていると思われる。

１年生のスタンツ（組体操）は、安全面に関する不安がつきものだ。生徒たちが主体的に取り組む行事とはいえ、その実施に際して先生たちは、安全面に細心の注意を払う。そのために体育担当の教師はじめ１年生担当の先生方は無理のない技の選定や組み方に関する資料を大量に収集し、生徒たちを支援した。当日も危険が予想される技の時には補助につくなどして安全に対する配慮を欠かさなかった。

(3) ２年生手作りの「ソーラン」

２年生は、先輩たちの背中を追う。去年見たソーランの踊りを超えるべく、プロジェクトメンバーが懸命に振り付けや掛け声を考える。そんな生徒たちを支援するために、先生たちは練習時間の計画を含め配慮を怠らない。他教科との関連を図ることもその一つである。

ソーランでは、独特の衣装「はっぴ」が必要である。通常のはっぴよりやや裾が長く、見栄えを考えるとひらひらして派手な色が良い。このはっぴをどのようにしてそろえているのだろうかと思ったら、なんと生徒たちの手作りだということである。家庭科のカリキュラムを調整しながら生徒たちが自分の体格に合わせて製作しているとのこと。ソーラン節への思いを込めながらの製作は、実際の活動にも弾みがつくし生徒たちの意欲づけにもつながるに違いない。運動が苦手な生徒もこうした場面での活躍が期待できる。学校行事への協力を行うことは特別活動における生徒会活動の内容にも含まれていることではあるが、さらに各教科との連携を図って生徒の活動を支援しようとする試みはとても有効であると思われる。

さらにプロジェクトメンバーと先生たちは、本番前に面白い企画を考えていた。それは「ソーラン選手権」である。朝や昼の休み時間、放課後に練習してきたソーランを、学級の枠を超えてチームを作って楽しもうという企画である。部活やクラスの仲間などいろいろチームを組んで昼休みに行うこの選手権を設定することで、校庭大運動会の前に多くの仲間たちの前で演じて舞台度胸もつくし、そこに参加するためにより意欲的に練習に取り組むようになる。実際このソーラン選手権を行うことで本番前のブラッシュアップになる、と生徒も先生たちも感じているようだった。ソーランの熱気は、徐々にそして確実にヒートアップしていくのだった。

(4) 3年生集大成の「行進」

日本体育大学の「集団行動」として有名な「行進」。例年3年生は、列を乱さずに交差したり形を変えたりしていく、美しい身体的な造形美を見せる行進をテーマに取り組み、工夫を凝らしながら構成を考えて、集団行動の楽しさ、素晴らしさを見せることを伝統としている。

各学年の表現種目に対する取り組みはそれぞれに力が入るのだが、3年生の行進に対するプレッシャーにはとりわけ大きいものがある。「今年の3年生は大丈夫なのか？」毎年のように3年生の担任団は不安と期待を抱くんだ、と担当の先生方はいう。

「1年生は、先輩に追いつこうと思ってやるんですよ。2年生は、去年一度見てるんでその先輩たちより上に行こうと張り切る。だからこそ3年生は負けていられない。最後の大運動会を自分たちが作り上げるんだ！という気持ちでかかるんですよ。それはきっと毎年の3年生にとってはかなりのプレッシャーになります。でも、だからこそ頑張れるんですよ」。

その生徒と先生の熱い思いが連日の練習にぶつけられる。平成27年度の大運動会後の通信には、本番にプロジェクトメンバーのリーダーが、演技開始前にスピーチした原稿が掲載されている。その一文を通じて3年生の熱い思いを見てみよう。

「三年間の集大成！革命はおこせたか！」……3年プロジェクトリーダー

2013年4月、私たちはこの仲間たちと出会うことができました。その仲間と過ごした日々は、今日で522日目です。

1年生のスタンツでは、学年でまとまること、男女協力して成し遂げることを学びました。2年生のソーランでは、きつい体勢、激しい動きに仲間たちの気持ちがそろわず苦労の連続でした。それでもやり続けるうち、この仲間と踊るソーランの価値を感じ、このソーランからは「本気でやる大切さ」を学びました。

最後の運動会、この仲間とやる行進は「私たちにしかできないもの」を作ろうと決心しました。しかし、緊張感もなくただ技をやることが多く、先生からも厳しい言葉をもらいました。さらに、学年だけでなくクラスで一丸となることができず、失敗ばかりでした。放課後にクラスで集まり練習したり、先生に時間を作っていただきました。それでも、意識を高めるために行進のポイントやアドバイスを書き、学年廊下に貼りだしました。その効果もあり、だんだん意識が高まりました。そしてスタンツやソーランで学んだ「まとまり」「本気でやる大切さ」を無駄にすることなく、私たちにしかできない行進を作ってきました。

私たちはあと半年で卒業を迎えます。そしてその前に大きく立ちはだかる受験という大きな壁に、一人ひとり真剣に自分の将来と向き合いながら立ち向かわなければなりません。しかし、私たちには129人の仲間と、いつも支えてくれる家族、先生がいます。みんなの力を借り、自分を信じ、仲間を信じて必ず乗り越えます。

522日目の今日。もうやり直すことのできない「最後の行進」は、私たちの決意の行進です。最後の四列交差をご覧ください。

（3学年通信第21号より。一部略）

（5）教師の抱える不安

大運動会は、成し遂げた後の生徒に大きな達成感と満足感を与えるが、そこまでに至る過程では指導する先生たちには常に不安がつきまとう。

前述のように、近年では様々な要因から学校行事に取り組む時間が縮減されてきている。その中で、相森中学校では約20時間程度の時間を練習時間として計上している。これは、教務管理上とても勇気のいることだといわざるを得ない。本校に着任したばかりの先生たちは、やはりそうしたことに不安を抱いていたという。「学習の進度は確保できるのだろうか、テスト範囲までの学習が終われるだろうかなどという、いわゆる学習・学力についての不安感は大きかった」と語ってくれた。

学校行事を実践するときには計画の立案がとても重要である。校庭大運動会の場合も他の学校行事と同様に主に教務主任が中心となって計画を立案するのだが、生徒会担当や体育担当など該当する担当者、各学年の担任団など、まさに全校体制で取り組むための連絡調整が必要となる。学校行事は担当や教科、学年の枠を軽々と飛び越えた活動であり、そこには、生徒や教師のそれぞれの考え方や思いなどが混在する。年代によっては、もっと運動会の練習に時間がほしいということもあるだろうし、学習時間を確保するためにも練習時間は最低限にしたい、という年もあるだろう。それをどのようにバランスを取り調整していくのかが課題となるのである。

実施に際しての課題に対して向き合いながら一つずつ解決していくことで、実施前には不安を抱えていた先生たちからも、「学校行事のスリム化ということも言われていたので開催するまでは心配だったが、それでも地域の方々や生徒たちも楽しみにしていることだしと、とりあえずやってみたら、思いのほか大運動会っていいものだなあと、感じたんですよ」いう感想が実施後には出てくるのであった。

(6) 生徒の変容

こうした教育課程上の不安とともに、生徒を指導する際の不安も常につきまとう。生徒会やプロジェクトリーダーを中心とした活動は、教師集団からは頼りなげに映る。「大丈夫かなあ」という気持ちが、時に先生たちからの強い指導につながっていく。それが生徒たちの活動を委縮させては逆効果だが、適度な方向修正のアドバイスや支援は必要であり、そのさじ加減が難しい。

大運動会前後の生徒への指導について、先生方で特に留意していること等はないのか尋ねたところ、教頭先生や学年の先生たちから興味深い話があった。

「大運動会は、学年で作り上げているんですよね。それも先生方がていねいで、よく生徒を待っている。プロジェクトリーダーの動きや生徒たちが本気になってくるのを待っているんですよ」。

「そう、生徒が作り上げるんです。『やれる子がやる』というのを目指しているのではなく、『やれない子や、やらない子がやれるようになる』というのがうれしいんです」。

こうしたまなざしに教師集団の願いや育てたい生徒像が表れているのではないだろうか。リーダーの成長を支えながら、周囲の子どもたちを活動にどう巻き込んでいくのか。その時に教師が主導するのではなく、生徒の自主的な活動を見守る姿勢。こうした教師の姿勢やまなざしに学校行事成功の秘訣が隠されているような気がする。

大運動会を経験すると生徒が一皮むけたような感じになる、と語ってくれた先生もいた。生徒会の役員やプロジェクトリーダーだった生徒たち、先輩の背中を見ながら成長する下級生、そうした全校の雰囲気の変化をいろいろな場面で感じるという。そこには行事を成功させたという満足感だけではないものがあったのではないか、ということを述べられていた。表現や各種目の練習は、長時間に及ぶこともあるだろうし、自らの意にそぐわないことも当然出てくるだろう。練習中に指示を聞かない生徒がいたり、もめたりすることも多い。そうした時に他人の意見を聞きながらどのように調整していくのか、みんなの考えを自分たちの考えとすり合わせていくのか、そんなコミュニケーション能力や調整能力をリーダーや多くの生徒たちが経験する。そのことが大きい、というのである。

達成感や満足感を事後に味わうことも生徒にとってその後につながる学びであることは間違いない。大運動会終了後には、より一層生徒会活動が活発になり、日常的な生徒同士の交流も拡がっていったという、その後に関するお話からもうなずける。まさに「為すことによって学ぶ」という言葉が、特別活動における学校行事には当てはまる。活動していく中で葛藤を経験し問題状況を克服していき、対応を考え困難を乗り越えることで他者とのコミュニケーションを身に付け、問題解決能力や実践力を養っていくのである。

3　学校行事の活用

現在、中学校で行われる学校行事として一般的に行われているものとしては「合唱コンクール（合唱祭）」があげられる。単独で実施されている場合もあるし、「文化祭・学習発表会」の一部として行われている場合もあるが、合唱を学校行事や学級活動の中心的な活動と考えている学級担任は、少なくない。音楽担当ではない教師でも「合唱コンクールは好きです」と語る教師は多い。相森中学校に赴任してきた教師のほとんどは、以前の学校では合唱コンクールに力を入れてきたそうである。

「でも、合唱コンクールと大運動会ではちがうんですよね」。両方経験しているからこそ感じることがあるらしい。合唱コンクールでは、歌声をそろえなくてはいけないということがあるために、どうしても声を出さない、練習に積極的ではない生徒とリーダーとの軋轢が生じる。そこをクラスとしてどう乗り越えるのかがポイントになる。大運動会の取り組みでは、そうしたクラス内の衝突を乗り越えることのほかに、学年で取り組むという活動の広がりがあるために、さらに大きな責任感や団結力、さらには伝統を引き継いでいく思いや他の学年との関係性というように、求められるものが違うというのである。

学校行事によって、課題は異なり生徒が獲得する力もまた異なる。ともすると集団での活動に対して、集団行動を学校で行うことに意味はあるのか、個性の伸長を阻害するのではないか、学習に力を注ぐべきではないか、などとする疑念が語られることがあるが、実際に生徒や教師の反応を見ると大きな成果が上がっていることは本報告においては自明である。集団で行動することと個人を尊重することは背反的なことではない。むしろ個性を尊重し合うことでよりよい集団のありようが達成される可能性が拡がるし、集団活動において多様な個性が発揮される機会が増えると考えることができる。それを支援することが教師の役割ではないだろうか。

大運動会や合唱コンクールへの取り組みを通してリーダーや先生方は多くの課題に直面する。そのたびに悩み考え、相談し合い、解決に向かっていく。困難な状況において、どのように解決に導いていけばよいのか、どのように振る舞うことが求められているのか、ということを学ぶ機会は、まさに集団活動が最適な場であると思われる。

21世紀型能力としてこれからの人間に求められる資質・能力が「基礎力」「思考力」「実践力」として文部科学省から提案されているが、人間として不可欠なコミュニケーション能力を陶冶する、その契機を与えるのが特別活動における学校行事の役割の一つであると考えることができよう。

4　中学校における修学旅行の実践

学習指導要領において、特別活動の〔学校行事〕は①儀式的行事、②文化的行事、③健康安全・体育的行事、④旅行（小学校では、遠足）・集団的宿泊行事、⑤勤労生産・奉仕的行事の５種類の内容が含まれる。中学校の学習指導要領では〔学校行事〕の目標として、「全校又は学年の生徒で協力し、よりよい学校生活を築くための体験的な活動を通して、集団への所属感や連帯感を深め、公共の精神を養いながら、第１の目標に掲げる資質・能力を育成することを目指す」とある。これを踏まえて、筆者の経験や指導上のポイントを参考に創作した事例を紹介する。

（1）修学旅行実行委員会

Ａ中学校の修学旅行は３年生の６月に２泊３日で実施される。当該学年の教職員は、生徒を計画や運営に積極的に参加させ、生徒が主役の修学旅行にするということでまとまった。まず、２年生の１月に学年全４クラスの修学旅行実行委員を集め、第１回修学旅行実行委員会を開催した。今回の修学旅行は関西方面である。生徒が修学旅行に自主的実践的に取り組むため、旅行の目的を自分たちで考えるよう指導した。修学旅行実行委員にどんな修学旅行にしたいか各クラスで話し合って来て欲しいと指示した。生徒たちは学級活動等の時間を利用して話し合い、第２回の委員会にクラスで出た意見を持ち寄った。２回目の委員会で各クラスから挙がったものは、「楽しい旅行」「思い出づくり」「クラスや班のメンバーと親睦を深める」「時間やルールを守る習慣を身に付ける」「関西の歴史や文化を知る」「未体験のことから学ぶ」「迷惑をかけないよう行動する」などであった。それらの意見と教師側の意見を参考に話し合い、委員会として、次の３つを修学旅行の目的とした。

①　見学や体験学習を通して、歴史・文化・自然に親しむ。

②　集団生活のルールを守る精神、誰に対しても優しく接する態度、自分の役割をしっかり果たす責任感や公共の場でのマナーを身に付ける。

③　中学校生活の楽しい思い出をつくる。

修学旅行の概要は、１日目は学年全体行動、２日目は班別行動、最終日がクラス別行動となっている。修学旅行実行委員の仕事は、クラス別コースの決定である。コースの内容は、修学旅行の目的から外れないものであれば、各クラスの独自性が許される。ガイドブックやインターネットを使いながら、４クラスそれぞれでコースづくりの検討が始まった。

(2) 学級での話合い

２年Ｂ組は元気よく活発で、体育祭などの行事には団結力を発揮するクラスである。一方、座って静かに学習することは苦手とする生徒が多く、何人かの教師は授業のやりにくさを訴えていた。Ｂ組では、５班に分かれて学級活動の時間の３時間を使い班別とクラス別コースの計画案を作った。そして、４時間目の学級活動の時間に各班がクラス別コース案を提案することになった。５つの提案を聞いてから話し合い、コースを決定する段取りである。話合い当日、元気な生徒の多い２つの班からはテーマパークで一日楽しむプランが提案された。また、比較的おとなしい生徒の多い班からは寺社見学と座禅体験などのコース、その他の班からは産業施設見学やサイクリング、陶芸、舞妓体験などの案が出された。寺社見学や体験活動を提案した班から、「テーマパークは修学旅行の目的とは合わない」という意見が出された。これに対し、テーマパークを提案した班からは「テーマパークもその地域の文化になっていて、いろいろなアトラクションで体験学習もできる。必ず楽しい思い出になるので修学旅行の目的に合っている」という説明があった。元気のある生徒が大声で楽しそうに説明したこともあり、テーマパークのアトラクションの話で盛り上がり、当初テーマパークに反対だった班の生徒の中からも賛成の声が出始めるようになった。そんな雰囲気の中、不満そうな顔をしている生徒も何人か見受けられた。議長の修学旅行実行委員も多数決をとってよいものか迷っていた。そこで、学級担任が問題提起をした。

（3）合意形成

以下は２年Ｂ組の学級活動後半の話合いの様子である。表記上、学級担任をＴ、生徒をＳとし、発言した生徒に番号を付した。

Ｔ：「先生からみんなに質問するよ。修学旅行の目的にある『体験学習』って何だろう。見学もテーマパークもサイクリングも座禅も川下りも立派な体験活動です。それを体験することで何を得ることができるかが大切だとは思いませんか。名所や施設見学体験で得られるものは何だろう」

Ｓ１：「歴史や文化がわかる」

Ｔ　：「サイクリングは？」

Ｓ２：「運動の気持ちよさかな」

Ｔ　：「川下りは？」

Ｓ３：「スリルと自然の中に溶け込む感じ」

Ｔ　：「陶芸は？」

Ｓ４：「自分だけの作品が作れる」

Ｔ　：「舞妓体験は？」

Ｓ５：「舞妓さんの気持ちや文化がわかる」

Ｓ６：「でも男子は体験できないよ」

Ｓ５：「男子は侍に扮するらしいよ」
Ｔ　：「座禅は？」
Ｓ７：「……。わかりません。やったことないので想像がつきません」
Ｔ　：「では、テーマパークは」
Ｓ８：「テーマパークは楽しさかな。人気もあるし、新しいアトラクションにも乗りたいし」
Ｓ７：「でも、座禅は今外国の人たちに人気があると聞いたことがあります。昔からたくさんの人たちがやっていることだよね」
Ｓ９：「つまりリピーターも多いっていうこと。外国人にとって座禅は面白いアトラクションなのかも」
Ｓ８：「何が面白いんだろう。その人気の秘密は何なんだろう」
Ｓ７：「自分たちで体験したらそれがわかるかもしれない」
Ｓ８：「そうだね。座禅やるのも面白いかも」

議長である修学旅行実行委員が多数決を取った結果、座禅をクラス別コースのメインに据えることが決まった。話合いの最後に学級担任はクラス全員に向かって話した。

Ｔ　：「今日の話合いは、とてもよかったと思います。みんなが自分の意見を持った上で、他の人の意見をしっかり聞いていたこと。全員が話合い活動に加わり協力しながら問題解決でき、結論を出せたからです。これからも、相手と意見が合わなかったり、学級の中で問題が生じたりする場面があるかもしれません。そんな時は、今日のようにみんなで話し合い、知恵を出し合って問題を解決していって欲しいと思います」

（4）事後指導

修学旅行終了後、全クラス班ごとに班別行動の様子を壁新聞として作成し、廊下に貼り出した。個人では、感想文を書き学級ごとに文集としてまとめた。また、各学級がクラス別コースの紹介や報告、感想をシェアリングするために、報告発表会を開催した。ここには２年生も招待し、来年度の修学旅行へ向けての反省や注意点などが先輩から後輩へ引き継がれた。３年生の事後指導だけでなく２年生への準備学習の役割も果たした。

（5）生徒の変容

生徒たちは、主体的に計画や運営に参加した。クラス別コース決定の際には、様々な意見を出し、問題点などを話し合うことを通して合意形成を図ることができた。じっくり話合い活動を行うことが、深い学びにつながった。修学旅行期間中は、生徒一人一人が率先して動き、班で意見が対立したときでも、問題解決に向けて努力する姿が見られた。

修学旅行という学校行事をとおして、クラスとしての一体感が生まれ、学習意欲も高まった。教科担任の教師たちからも修学旅行を機にクラスの雰囲気がよくなったとの声が寄せられた。旅行後の明るい表情からも充実感や自信が伺え、生徒が主役の修学旅行は彼らを一回り大きく成長させた。

5　学校行事に向けた学級活動指導案の作成及び解説

ここでは、前出4の学級活動の指導案例を示すが、特別活動の学習指導案に決まった形式があるわけではない。最大公約数的な項目をあげた。学習指導案を見れば授業の良し悪しがわかるとも言われる。各都道府県の教育センターなどでは学習指導案の実践例が数多く蓄積されている。ウェブサイトなどで自由に閲覧することも可能である。優れた学習指導案を参考に、研究を重ね、実践に生かしてもらいたい。また、国立教育政策研究所が作成した「評価規準の作成のための参考資料、評価方法等の工夫改善のための参考資料」なども参考にしてほしい。

《指導案例》

1　題材「クラス別コースを考えよう」

内容（1）ウ　学校における多様な集団の生活向上

> ※題材名を示し、学習指導要領にある内容を記入する

2　生徒の実態と題材について

（1）生徒の実態（生徒観）

本学級の生徒は、男子16人、女子17人の33人で構成されている。明るく活動的な生徒が多く体育祭などの行事には団結力を発揮できる。一方、座って静かに学習することが苦手な生徒も多い。男子は、中心となる生徒はいるものの……。女子は、全体的にしっかりしていて……。

> ※学級での生徒の生活の実態やこれまでの学級での取り組みなどを記入する
> ※各学校で定めた評価規準を踏まえた課題や方向性などを記入する

（2）題材設定の理由（題材観）

学習指導要領では、特別活動の「指導計画の作成と内容の取扱い」の中で「様々な集団活動に自主的、実践的に取り組む中で、互いのよさや個性、多様な考えを認め合い、等しく合意形成に関わり役割を担うことを重視」と示されている。これは、特別活動での……（以下省略)。

※取り上げる題材の内容、今までの取り組んできたこととの関連、その題材を取り上げる意義、題材と生徒との関係などを記入する

3　評価規準

よりよい生活や人間関係を築くための知識・技能	集団の一員としての話合い活動や実践活動を通した思考・判断・表現	主体的によりよい生活や人間関係を築こうとする態度
よりよい集団活動に向けた実践をする上で必要となる知識や技能を身に付けるとともに多様な……	所属する様々な集団や自己の生活上の問題を見いだし、その解決のために話し合い、合意形成……	様々な望ましい集団活動を通して身に付けたことを生かし、自主的・実践的によりよい集団生……

※学習指導要領の目標及び内容を踏まえて、各学校で定めた評価規準に沿って記入する

4　本時のねらい

※この時間の活動のねらいを簡潔にわかりやすく記述する

各班の発表をよく聞き、多様な意見を認め合うことができる。話合い活動に積極的に参加し、合意形成を図ることができる。

5　事前の活動

※「活動の内容」は生徒の活動を記入し、「指導上の留意点」は指導者の立場で記入する

※「指導上の留意点」は指導者の立場で、具体的な手立てや支援を記入する

※「目指す生徒の姿と評価方法」は事前・本時・事後の活動の中でどのように評価規準が位置付けられているかがわかるように書く

日時	活動の内容	指導上の留意点	目指す生徒の姿と評価方法
1月11日	修学旅行実行委員会	修学旅行の概要を理解させる 学級で話し合うことの整理・確認をする	【思考・判断・表現】 委員会の趣旨を理解し、学級での役割を果たす意欲が見られる［行動観察］
1月15日 (学活)	班別・クラス別コースの検討①	ガイドブック、インターネット等を活用し、班ごとに検討させる	【思考・判断・表現】 班や学級の一員として協力して活動できる［行動観察］
1月22日 (学活)	班別・クラス別コースの検討②	ガイドブック、インターネット等を活用し、班ごとに検討させる	【思考・判断・表現】 班や学級の一員として協力して活動できる［行動観察］
1月29日 (学活)	クラス別コースの検討	班ごとに検討したコースの発表準備をさせる	【思考・判断・表現】 班ごとに協力して活動している［行動観察］

6　本時の展開

時配	活動内容	指導上の留意点	活動形態	目指す生徒の姿と評価方法
導入 ５分	１　本時の活動の流れについて説明を聞く ２　机を移動し５つの班に分かれる ３　班ごとに発表内容を再確認する	・本時の活動の流れを確認する ・机間巡視をしながら、発表への緊張をやわらげるための声掛けを行う	一斉 班別 班別	
展開 40分	４　各班の発表と話合い ・司会進行（修学旅行実行委員２名） 進行の流れ ①発表（各班３分） ②質疑応答（各班２分） ③コース案検討の話合い ・意見を出し合う ④コース決定作業 ・多数決 ５　机を元の位置に戻す	・各班が発表時間を越えないように注意する ・発表の間、机間巡視を行いながら各班の様子を観察する ・それぞれの提案に対して質問等があれば書きとめさせる ・机間巡視をしながら、全員が話合い活動に積極的に参加できる雰囲気を作る ・おのおのの思いが意見として反映されているかに配慮する ・多数決で学級としての合意形成が図れそうか見極める	一斉	【知識・技能】 【思考・判断・表現】【態度】 他の班の発表を真剣に聞き、参考にしながらクラス別コース決定にむけた課題を協力して解決していこうとしている［活動の観察］
まとめ ５分	６　決定した事項を確認する ７　振り返りシートに本時の感想を記入する ８　次回の活動内容と未解決の課題の確認をする	・決定したことを伝えた際に，不満などの声がないか表情等にも注目し確認する ・話合い活動の過程で気付いたことや感想などを自由に記述させ提出させる ・時間内に完成しない生徒に配慮し、放課後や明日までの提出でもよいことを伝える ・次回までに考えてきて欲しいことなどを伝える	一斉	【思考・判断・表現】 話合いを通し学んだことを整理できる［振り返りシート］

７　事後の活動

日時	活動の内容	指導上の留意点	目指す生徒の姿と評価方法
６月７日 ～９日 ２泊３日	修学旅行 （関西方面）	生徒の安全に努める 生徒の健康状態の把握に努める	【思考・判断・表現】 目的に沿って真剣かつ主体的に取り組んでいる ［活動の観察］
６月25日	班別壁新聞作成 発表・報告会準備	紙面内容を工夫させ、班ごとに協力して活動できるよう配慮する	【思考・判断・表現】 班ごとに協力して活動を行っている［活動の観察］
７月５日	修学旅行学年報告発表会	２年生に向けて、堂々と発表を行えるように指導するとともに努力を評価する	【思考・判断・表現】 工夫して堂々と発表している［活動の観察］

６　学校行事に向けた学級活動指導案作成ワークシート

○学級活動指導案作成時の留意点

　指導案に決まった書式はないが、指導者の考えやねらいが読み取れるようすること。また，次の点に留意し作成すること。

１　指導案は指導者の立場で書く。

※文末表現の例：～工夫する。～配慮する。～雰囲気をつくる。～意識を高める。～評価する。～声掛けを行う。～気付かせる。～助言する。

２　指導者が活動の内容及び生徒の実態を理解しているか。

３　事前・事後指導がある場合、本時の位置付けがはっきりしているか。

４　活動が「導入・展開・まとめ」に沿って示されているか。

５　予想される生徒の活動に対しての指導者の手立てが盛り込まれているか。

６　評価方法（活動の観察・机間指導・ワークシート・自己評価表・相互評価表・感想文等）が示されているか。

７「5 事前の活動」及び「7 事後の活動」は、複数時間を活用し目標を達成しようとする課題解決的な活動の場合に作成する。

第　　学年　　組　　学級活動指導案

（　　）年（　　）月（　　）日　第（　　）校時（　　　　）教室

指導者（　　　　　　　　）

1　題材「　　　　　　　　　　」
　内容

2　生徒の実態と題材について
（1）生徒の実態（生徒観）

（2）題材設定の理由（題材観）

3　評価規準

よりよい生活や人間関係を築くための知識・技能	集団の一員としての話合い活動や実践活動を通した思考・判断・表現	主体的によりよい生活や人間関係を築こうとする態度

4　本時のねらい

5　事前の活動

日時	活動の内容	指導上の留意点	目指す生徒の姿と評価方法

6　本時の展開

時配	活動内容	指導上の留意点	活動形態	目指す生徒の姿と評価方法
導入 (　　)分				
展開 (　　)分				
まとめ (　　)分				

7　事後の活動

日時	活動の内容	指導上の留意点	目指す生徒の姿と評価方法

【引用・参考文献】

文部科学省　2018　小学校学習指導要領解説　特別活動編　東洋館出版社
文部科学省　2018　中学校学習指導要領解説　特別活動編　東山書房
文部科学省　2019　高等学校学習指導要領解説　特別活動編　東京書籍

＊本章の一部は、JSPS 科研費 15K04487 の助成を受けたものです。

第7章 特別活動を進めるための指導計画

1　指導計画作成のための配慮事項

(1) 特別活動における児童生徒の主体的・対話的で深い学び

小学校学習指導要領では、第6章第3の1の(1)に、中学校及び高等学校学習指導要領では、第5章第3の1の(1)に次のように示されている。

> (1) 特別活動の各活動及び学校行事を見通して、その中で育む資質・能力の育成に向けて、児童（生徒）の主体的・対話的で深い学びの実現を図るようにすること。その際、よりよい人間関係の形成、よりよい集団生活の構築や社会への参画及び自己実現に資するよう、児童（生徒）が集団や社会の形成者としての見方・考え方を働かせ、様々な集団活動に自主的、実践的に取り組む中で、互いのよさや個性、多様な考えを認め合い、等しく合意形成に関わり役割を担うようにすることを重視すること。

特別活動の指導計画作成にあたっては、各教科等と同様に、児童生徒の主体的・対話的で深い学びの実現を目指す。

特別活動における「主体的な学び」の実現とは、学級や学校における集団活動を通して、児童生徒自ら生活上の諸課題を見いだし、解決方法を決めて自主的に実践し、振り返り、改善していく取り組みである。

「対話的な学び」の実現とは、児童生徒、教職員や地域の人など多様な他者との対話、交流などを通して、自己の考え方を協働的に深め、発展させていくことである。

「深い学び」の実現とは、問題の発見・確認から振り返りまでの一連の学習過程全体を「実践」として捉え、各教科等で学んだ知識・技能・考え方などを総合的に働かせ、集団及び自己の問題の解決のために活用できることである。

以上のことを理解した上で、年間指導計画を作成する。課題を解決するために話し合い、合意形成を図る場合には、他者の考え方の違いを認め、自他の考えをつなぎながら、新たなものを全員で生み出していけるよう配慮する。学級全員が役割を担うことで様々なことを学ぶと同時に、自己有用感が育まれる。このような「互いのよさや個性、多様な考え方を認め合い、等しく合意形成に関わり役割を担う」特別活動の経験が、卒業後、一人一人の存在が尊重される集団づくりや平和で民主的な国家、社会を形成する人間を育成する。

(2) 特別活動の全体計画と各活動・学校行事の年間指導計画の作成

特別活動の目標は、特別活動の各活動・学校行事の実践的な活動を通して達成される。その指導計画は、学校の教育目標を達成する上でも重要な役割を果たす。調和のとれた特別活動の全体計画と各活動・学校行事の年間指導計画を全教職員の協力のもとで作成することが基本である。

また、朝の会や帰りの会（ショートホームルーム）、日常に行われている清掃や日直などの当番の活動、児童生徒の自主的、自発的な参加により行われる部活動などは、教育課程には位置付けられていないが教育的意義が大きく、特別活動と関連が深い。これらの活動との関連などについても、特別活動の全体計画に示しておく。

なお、部活動の位置付けと教育的意義については、中学校学習指導要

領 第1章 総則の第5の1のウ、高等学校学習指導要領 第1章 総則 第6款の1のウに示されている（付録1、2参照）。また、平成29（2017）年の学校教育法施行規則の一部改正において、「部活動指導員」の名称及び職務が明示された（巻末資料参照）。

この特別活動の全体計画に基づいて、年間を通じた各活動・学校行事ごとの目標、その内容や方法、指導の流れ、時間の配当、評価などを示したものが、「各活動・学校行事の年間指導計画」である。

各活動・学校行事の年間指導計画作成の際の配慮事項として以下がある。

1）学校の創意工夫を生かす

地域や学校、児童生徒の実態等を踏まえ、学校としての基本的な指導構想を明確にし、それに即した創意ある指導計画を立案し実施する。学校の創意や工夫を生かした教育活動を行うために必要な時間が確保できるよう、全教師が協力していく。

2）学級や学校、地域の実態や児童生徒の発達の段階及び特性等を考慮する

学級や学校、地域の実態や児童生徒の発達の段階及び特性等を考慮して指導計画を作成することは、児童生徒の自主的、実践的な活動を助長する特別活動において特に重要である。児童生徒の興味・関心、能力・適性等に関する十分な児童生徒理解に基づいて、各学校や各学年における重点目標、指導の内容、活動の方法などを明確にする。

3）各教科、道徳科、総合的な学習（探究）の時間などの指導との関連を図る

特別活動と各教科等は、「往還」の関係にある。各教科等で身に付けた資質・能力を特別活動の実践に生かし、一方、特別活動で培われた協力的で実践的な資質・能力が各教科等の学習に生かされるようにする。特別活動は、各教科等における主体的・対話的で深い学びの実現や、学

びに向かう主体的で協働的な集団づくりの基盤となる。

各学校の実態を十分に考慮し、特別活動として何を重視すべきかなど重点目標を定め、それぞれの役割を明確にする。

4）児童生徒による自主的、実践的な活動が助長されるようにする

特別活動は、できるだけ児童生徒自身による計画を生かし、自ら進んで活動を行うように指導する。主体的・対話的で深い学びを実現するためには、児童生徒が活動の計画を立てて実践するように配慮することが肝要である。

5）家庭や地域の人々との連携、社会教育施設等の活用などを工夫する

家庭や地域の幅広い教育力を活用した学校内外での体験活動は、児童生徒の調和のとれた人間形成を図るとともに、人間としての生き方についての自覚を深める。

家庭や地域との連携や交流を図り、地域の自然や文化・伝統を生かし、社会教育施設等を積極的に活用するなど、地域や学校の特色や実態を生かした計画になるよう配慮する。

6）特別活動の授業時数

各学校においては、学校教育法施行規則及び学習指導要領で定める規定に基づいて、学校や児童生徒などの実態を考慮し、学級活動・ホームルーム活動以外の特別活動の授業時数を配当することになる。実際には、年間の授業に充て得る総授業時数から各教科等別に示された時数を除いた中から配当する。各活動及び学校行事の目標やねらいが十分に達成できるように検討した上で、年間、学期ごと、月ごとなどに適切な授業時数を充て、全体計画を作成する。

(3）学級（ホームルーム）経営の充実と生徒指導との関連

今回の改訂では、これまで小学校学習指導要領のみに記述されていた「学級経営の充実」が、中学校及び高等学校の学習指導要領においても

示された。また、いじめの未然防止等を含めた生徒指導との関連を図ることについても初めて明示された。

1）学級経営・ホームルーム経営と学級活動・ホームルーム活動における児童生徒の自治的な活動

学級経営の充実は、児童生徒理解に基づく教師と児童生徒との信頼関係や、児童生徒同士の信頼関係が基盤である。

話合い活動を通じて醸成される自治的な活動は、学級や学校をよりよいものへとする児童生徒の文化の創造や人間関係形成につながる。「学級活動・ホームルーム活動における児童生徒の自発的、自治的な活動」を中心とした、学級経営の充実が求められる。

学級活動・ホームルーム活動の目標の実現を目指し、各内容の特質を生かした指導をする際は、教師が互いの役割や考えを尊重し協力し合う姿を示す。学年経営の充実も不可欠である。

2）特別活動といじめの未然防止等を含めた生徒指導との関連

いじめの背景には、学級内の人間関係があるということは数多く指摘されている。学級経営と生徒指導の関連を図った学級活動・ホームルーム活動の充実が、いじめの未然防止の観点からも一層重要になる。学級での自治的な活動や様々な体験活動を通して、多様な他者を尊重する態度を養い、一人一人の自己肯定感を高める指導を行う。

学級活動・ホームルーム活動の各内容を通じて、集団の場面における指導や個別の場面における援助に努める。特別活動が生徒指導の中心的な役割を果たすことが期待されている。

(4) 障害のある児童生徒など学習活動の困難さに応じた指導内容や指導方法

通常の学級においても、発達障害を含む障害のある児童生徒が在籍している可能性がある。すべての教科等において、一人一人の教育的ニーズに応じたきめ細かな指導や支援ができるよう、障害種別の指導の工夫や各教科等の学びにおける困難さに対する指導の工夫の意図、手立てを明確にすることが重要である。

【指導の工夫例】

・相手の気持ちを察したり理解することが苦手な児童生徒には、他者の心情等を理解しやすいように、ロールプレイやイラスト等を活用して視覚的な指導を取り入れるなどの配慮をする。
・話を最後まで聞いて答えることが苦手な児童生徒には、事前に発言や質問をする際のタイミングについて具体的に伝えるなど、コミュニケーションの図り方についての指導をする。
・学校行事における避難訓練等に対し、強い不安を抱いたり戸惑ったりする児童生徒には、見通しがもてるよう、各活動や学校行事のねらいや内容、役割の分担などについて、視覚化等の理解しやすい方法を用い、事前指導を行う。また、周囲の児童生徒に協力を依頼しておく。

個別の指導計画を作成し、他教科等の学級担任と共有すると同時に、翌年度の学級担任等に引き継ぐことも必要である。配慮を要する児童生徒への理解を深め、特別活動の実践に生かすことが学級経営の充実につながる。

(5) 道徳科など（道徳教育）との関連

特別活動における道徳性の育成を目指して、道徳教育の内容との関連を考慮しながら指導計画を作成する。特に、特別活動の「集団や社会の形成者としての見方・考え方を働かせ、様々な集団活動に自主的、実践的に取り組み、互いのよさや可能性を発揮しながら直面する課題を解決する」という特質を生かし、道徳的実践の指導の充実を図ることが必要である。

（6）就学前教育との関連

以上に加えて、小学校学習指導要領においては、「幼児期の教育との接続及び関連」と「小学校入学当初における、生活科を中心とした関連的な指導や、弾力的な時間割の設定」を配慮事項とし明示している。具体的には、「幼児期の終わりまでに育ってほしい姿」が育まれてきていることを理解した上で、より自発的な学びに向かうことが可能となるようスタートカリキュラムに配慮することや、新しい学校生活への適応に資する活動の工夫を求めている。また、幼児期の教育と小学校教育との接続を円滑にするために、生活科を中心としたスタートカリキュラムや教育課程の編成に工夫を求めている。第１学年の特別活動の授業時数が34時間と規定されているのは、新しい環境への適応のための時間を確保するための措置である。

2　内容の取り扱いについての配慮事項

（1）児童生徒の自発的、自治的な活動の効果的な展開

１）指導内容の特質に応じた児童生徒の自発的、自治的な活動の展開

自発的、自治的な活動は、特別活動固有の特質であり、なかでも学級活動・ホームルーム活動の「(1) 学級や学校における生活づくりへの参画」は、特別活動における自発的、自治的な活動の基本となる。特に、「学級や学校における生活をよりよくするための課題を見いだし、解決するために話し合い、合意形成を図り、実践すること」に向けた指導が充実するように努める。自発的、自治的な活動が効果的に展開するよう児童生徒の自主的な活動を側面から援助し、受容的な態度で、根気よく指導を続ける。

2）自分たちできまりをつくって守る活動

学級や学校という集団生活においては、児童生徒は学級や学校における様々なきまりを守って生活する必要がある。児童生徒自らが、自分たちの話合い活動により適切なきまりをつくりそれを守る活動は、まさしく自発的、自治的な活動である。また、自分たちで決定したことについて責任を果たす活動となる。

集団の合意形成に主体的にかかわり、その決定を尊重するという活動を通して、児童生徒の規範意識や社会性、社会的な実践力が育成される。

(2) 指導内容の重点化と内容間の関連や統合

1）道徳教育の重点などを踏まえた指導内容の重点化

学級活動・ホームルーム活動は、学校における基礎的な生活集団としての学級を基盤に営まれる活動である。各学校の目指す児童生徒像や教育理念、児童生徒の実態など、それぞれの実情に応じて、道徳教育の重点を踏まえた指導の重点化を図り、育成を目指す資質・能力を明確にし、それに沿った指導内容や方法を工夫する。児童会・生徒会活動、学校行事においても、それぞれの特質に応じた配慮が望まれる。

2）内容間の関連や統合を図ったり、他の内容を加えたりする

学級活動・ホームルーム活動は、活動の特質や育成を目指す資質・能力の関連を明らかにした上で、効果的と考えられる場合は、いくつかの内容項目を統合したり、内容の関連を図って指導する。

児童会・生徒会活動は、学校の全児童生徒をもって組織する児童会・生徒会が、学校内及び地域や社会の様々な課題について考え、その解決を図ろうという活動であり、指導内容は、相互に深く関連している。児童会・生徒会活動の各内容を個別のものと捉えず、児童・生徒総会などで決定した活動方針等と常に関連付け、活動相互のつながりを意識できるようすることが必要である。

学校行事は、各行事で育成を目指す資質・能力の関連を明確にし、指導内容を考える。それぞれの行事の目的に関連性を持たせることにより、児童生徒の成長を促進し、次の学びに向かう力を養う。

(3) ガイダンスとカウンセリングの趣旨を踏まえた指導

1）ガイダンス

ガイダンスは、児童生徒のよりよい適応や成長、人間関係の形成、生き方や進路の選択等にかかわる、主に集団の場面で行われる案内や説明である。

2）カウンセリング

学校におけるカウンセリングは、児童生徒一人一人の生き方や進路、学校生活に関する悩みや迷いなどを受け止めながら、児童生徒が自らの意志と責任で選択、決定することができるようにするための助言等を、個別に行う教育活動である。特別活動におけるカウンセリングとは、教師が日頃行う意図的な対話や言葉掛けのことである。

3）ガイダンスとカウンセリングの関係

主に集団の場面で、同質的な指導を全員に行うガイダンスと個々の児童生徒の必要度に応じて行うカウンセリングは、児童生徒の行動や意識の変容を促し、一人一人の発達を促す働きかけであり、課題解決のための指導の両輪である。

(4) 異年齢集団や幼児、高齢者、障害のある人々との交流・活動

1）異年齢集団による交流の重視

特別活動における異年齢集団による交流は、各活動・学校行事において大変重要である。他者の役に立つ喜びの体得、自己肯定感の醸成にも寄与する。学年を越えた取り組みとなるため、指導計画を作成する際には全教師の共通理解に基づいて工夫をこらしたい。

2）幼児、高齢者、障害のある人々などとの交流や対話、活動の充実

多様な人々との交流や対話などは、特別活動の目標を実現する上で、大変重要な意義をもつ。児童生徒は、このような交流や共同学習を通して、自他の尊重や共に力を合わせて生活することの大切さを学ぶ。

学級や学校のよりよい生活づくりに資する体験的な学びを展開する特別活動には、そのような機会と場を多様に設けることが期待されている。

教師は、一人一人の児童生徒が自己有用感や自己肯定感を体得できるように指導を工夫し、自主的、実践的な活動を設定する。

3　国旗及び国歌の取り扱い

学習指導要領（小学校は第6章の第3の3、中学校・高等学校は第5章の第3の3）において次のように示されている。

> 入学式や卒業式などにおいては、その意義を踏まえ、国旗を掲揚するとともに、国歌を斉唱するよう指導するものとする。

国際化の進展に伴い、日本人としての自覚を養い、国を愛する心を育てるとともに、児童生徒が将来、国際社会において尊敬され、信頼される日本人として成長していくためには、国旗及び国歌に対し正しい認識をもたせ、それらを尊重する態度を育てることは重要である。

特に、入学式や卒業式は、学校生活に有意義な変化や折り目を付け、新しい生活の展開への動機付けを行い、集団への所属感を高める上でも、国旗を掲揚するとともに、国歌を斉唱するよう指導する。他の行事や儀式などでは、各学校がその判断をする。

教科指導との関連では、「国旗及び国歌の意義並びにそれらを相互に尊重することが国際的な儀礼であることの理解を通して、それらを尊重

する態度を養うよう配慮すること」としている社会科との関連を図ることが大切である。

4　特別活動の指導を担当する教師

特別活動の内容は多様である。このため指導にあたる教師については、対象になる児童生徒の集団の種類や規模に応じて、適正な役割の分担をする。また、指導計画の作成・実施の過程を重視して、協力体制の確立を図っていくことも必要である。

(1) 学級活動・ホームルーム活動の場合

学級活動・ホームルーム活動については、日常の学級の児童生徒の実態を十分に把握し、それに即した指導が行われなければならない。このために、指導にあたっては、学級の児童生徒を最もよく理解できる立場にある学級担任が適しており、学級経営の充実を図る観点から、適切な学級活動・ホームルーム活動を実施することが重要である。活動する内容によっては、他の教師等の特性や専門性を生かした方が効果的である場合も多い。例えば、生徒指導にかかわる内容であれば生徒指導主事(任)、進路に関する内容なら進路指導主事（任)、健康・安全や食の問題を取り上げる場合は、保健体育担当教諭、養護教諭、栄養教諭、学校医など、また、心理教育に関する内容であればスクールカウンセラーなどが考えられる。学級担任や学年の教師集団とともに指導にあたることにより一層の効果が期待できる。

学級活動・ホームルーム活動をはじめ、特別活動の教育的な成果は、指導にあたる教師の姿勢に影響されるところが大きい。常に児童生徒理解に努め、人間関係形成と信頼関係の構築に心を砕き、魅力ある豊かな人間性を持った教師を目指すことが望まれる。参考までに、指導にあたる教師の留意点を以下に示す。

① 教師と児童生徒及び児童生徒相互の人間的な触れ合いを基盤とする指導であること。

② 児童生徒の問題を児童生徒と共に考え、共に歩もうとする教師の態度が大切であること。

③ 児童生徒に接する際には、常に温かな態度を保持し、公平かつ受容的で、児童生徒に信頼される教師であること。

④ 教師の教育的な識見と適正な判断力を生かすとともに、問題によっては毅然とした態度で指導にあたる必要があること。

⑤ 児童生徒の自主的、実践的な活動を助長し、常に児童生徒自身による創意工夫を引き出すように指導すること。

⑥ 集団内の人間関係を的確に把握するとともに、人間尊重の精神に基づいて児童生徒が望ましい人間関係を築くように指導に努めること。

(2) 学級活動・ホームルーム活動以外の場合

学級活動・ホームルーム活動以外の特別活動には、児童会・生徒会活動及び学校行事がある。多くは、学級や学年の所属を離れた集団による活動となる。そのため、教師間の連携・協力が特に大切である。例えば、児童会・生徒会活動の全体の指導にあたる教師、各種の委員会の指導を担当する教師などを適切に定め、教師間の連携を緊密にし、協力しながら適切な指導を行う。学校行事の場合は、対象となる児童生徒集団が大きく、特別活動の他の内容や各教科等の学習と関連する場合が多い。家庭や地域社会と連携して実施する場合もあることなどから、計画や指導の在り方を十分に検討し、全教師の役割分担を明確にし、協力して指導にあたることが求められる。

【引用・参考文献】

文部科学省　2018　小学校学習指導要領解説 特別活動編　東洋館出版社
文部科学省　2018　中学校学習指導要領解説 特別活動編　東山書房
文部科学省　2019　高等学校学習指導要領解説 特別活動編　東京書籍

付録1

『中学校』－学習指導要領　第1章 総則 第5学校運営上の留意事項1のウ

> ウ　…（前略）特に、生徒の自主的、自発的な参加により行われる部活動については、スポーツや文化、科学等に親しませ、学習意欲の向上や責任感、連帯感の涵養等、学校教育が目指す資質・能力の育成に資するものであり、学校教育の一環として、教育課程との関連が図られるよう留意すること。その際、学校や地域の実態に応じ、地域の人々の協力、社会教育施設や社会教育関係団体等の各種団体との連携などの運営上の工夫を行い、持続可能な運営体制が整えられるようにするものとする。

中学校教育において大きな役割を果たしている「部活動」については、前々の改訂により、中学校学習指導要領の中でクラブ活動との関連で言及がなされていた記述がなくなっていた。これについて、平成20年1月の中央教育審議会の答申においては、「生徒の自発的・自主的な活動として行われている部活動について、学校教育活動の一環としてこれまで中学校教育において果たしてきた意義や役割を踏まえ、教育課程に関連する事項として、学習指導要領に記述することが必要である」との指摘がなされた。そして、異年齢との交流の中で、生徒同士や教員と生徒等の人間関係の構築を図ったり、活動を通して自己肯定感を高められるなど教育的意義も示されている。

本項はこの指摘を踏まえ、生徒の自主的、自発的な参加により行われる部活動について、それぞれ規定したものである。

① スポーツや文化及び科学等に親しませ、学習意欲の向上や責任感、連帯感の涵養、互いに協力し合って友情を深めるといった好ましい人間関係の形成等に資するものであるとの意義

② 部活動は、教育課程において学習したことなども踏まえ、自らの適性や興味・関心等をより深く追求していく機会であることから、第2章以下に示す各教科等の目標及び内容との関係にも配慮しつつ、生徒自身が教育課程において学習する内容について改めてその大切さを認識するよう促すなど、学校教育の一環として、教育課程との関連が図られるようにするとの留意点

③ 地域や学校の実態に応じ、スポーツや文化及び科学等にわたる指導者など地域の人々の協力、体育館や公民館などの社会教育施設や地域のスポーツクラブといった社会教育関係団体等の各種団体との連携などの運営上の工夫を行うとの配慮事項

各学校が部活動を実施するに当たっては、本項を踏まえ、生徒が参加しやすいように実施形態などを工夫するとともに、休養日や活動時間を適切に設定するなど生徒のバランスのとれた生活や成長に配慮することが必要である。

付録2

『高等学校』－学習指導要領　第1章 総則 第6款 学校運営上の留意事項1のウ

ウ　…（前略）特に、生徒の自主的、自発的な参加により行われる部活動については、スポーツや文化、科学等に親しませ、学習意欲の向上や責任感、連帯感の涵養等、学校教育が目指す資質・能力の育成に資するものであり、学校教育の一環として、教育課程との関連が図られるよう留意すること。その際、学校や地域の実態に応じ、地域の人々の協力、社会教育施設や社会教育関係団体等の各種団体との連携などの運営上の工夫を行い、持続可能な運営体制が整えられるようにするものとする。

高等学校教育において大きな役割を果たしている「部活動」については、前々の改訂により、高等学校学習指導要領の中でクラブ活動との関連で言及がなされていた記述がなくなっていた。これについて、平成20年1月の中央教育審議会の答申においては、「生徒の自発的・自主的な活動として行われている部活動について、学校教育活動の一環としてこれまで高等学校教育において果たしてきた意義や役割を踏まえ、教育課程に関連する事項として、学習指導要領に記述することが必要である」との指摘がなされたところである。

本項はこの指摘を踏まえ、生徒の自主的、自発的な参加により、キャリア形成を考える機会になることも期待される部活動について、それぞれ規定したものである。

①　スポーツや文化及び科学等に親しませ、学習意欲の向上や責任感、連帯感の涵養、互いに協力し合って友情を深めるといった好ましい人間関係の形成等に資するものであるとの意義

②　部活動は、教育課程において学習したことなども踏まえ、自らの適性や興味・関心等をより深く追求していく機会であることから、第2章以下に示す各教科等の目標及び内容との関係にも配慮しつつ、生徒自身が教育課程において学習する内容について改めてその大切さを認識するよう促すなど、学校教育の一環として、教育課程との関連が図られるようにするとの留意点

③　地域や学校の実態に応じ、スポーツや文化及び科学等にわたる指導者など地域の人々の協力、体育館や公民館などの社会教育施設や地域のスポーツクラブといった社会教育関係団体等の各種団体との連携などの運営上の工夫を行うとの配慮事項

各学校が部活動を実施するに当たっては、本項を踏まえ、生徒が参加しやすいように実施形態などを工夫するとともに、休養日や活動時間を適切に設定するなど生徒のバランスのとれた生活や成長に配慮することが必要である。

第8章 特別活動の評価

1　特別活動における評価規準

活動を通して学ぶことを目標に掲げる特別活動では、その評価を行うには工夫が必要である。平成23(2011)年11月に国立教育政策研究所から発行された「評価規準の作成、評価方法等の工夫改善のための参考資料（小学校・中学校特別活動)」において、評価規準の設定について次のように示している。

> 各学校における観点別学習状況の評価が効果的に行われるようにするため、各教科の評価の観点及びその趣旨を参考として、評価規準の工夫・改善を図ることが重要である。
> 目標に準拠した評価を着実に実施するためには、各教科の目標だけでなく、領域や内容項目レベルの学習指導のねらいが明確になっている必要がある。そして、学習指導のねらいが児童の学習状況として実現されたというのは、どのような状態になっているかが具体的に想定されている必要がある。
> このような状況を具体的に示したものが評価規準であり、各学校において設定するものである。
> 各学校において、学習評価を行うために評価規準を設定することは、児童の学習状況を判断する際の目安が明らかになり、指導と評価を着実に実施することにつながる。　　　（小学校特別活動13頁より）

ここでは評価規準に関して、各学校で工夫・改善しながら設定することを確認している。他教科とは違い、日常の生活から解決していくべき課題を発見し、学校・学級や地域の実態等を考慮しながら活動を構成していく特別活動には、全国的に統一的なテーマや評価規準は設定できない。学校ごとに評価規準を設定することは自明なことであると同時に、各校独自の特別活動を評価するためには必要不可欠なことである。

学習指導要領を踏まえて、特別活動の特性に応じた評価の観点として文部科学省は「集団活動や生活への関心・意欲・態度」「集団の一員としての思考・判断・実践」「集団活動や生活についての知識・理解」の3つを示しているが、各学校では、こうした観点に基づいて評価規準を策定していくことになる。ところが、特別活動の評価には、いわゆる教科学習の評価とは違う意味での困難さが隠れている。

2　評価の困難さ

特別活動の特性として集団での活動が主体であることがあげられるが、それゆえの評価の難しさがある。代表的な3つの困難点を取り上げてみよう。

①　活動の場が広い

集団活動が中心となる特別活動においては、学級内で行う活動だけではなく、学年単位や時には異学年との交流、全校での活動、さらには校外に出かけて行う活動もあり、活動範囲が教科学習と比べて格段に広がる。そのために学級担任だけでは児童生徒の活動を評価することができない。

②　動的な活動の評価方法が難しい

行動や活動が主となる特別活動において、実際に活動している児童生徒の動きをどのように評価したらよいのか難しい。量的な評価が難しい領域であり、評価方法を検討することが求められる。

③　個人や集団の変容がとらえにくい

児童生徒の活動への意欲やかかわり方などを評価することが重要であるが、その変容をどのようにとらえたらよいのかということが難しい。継続的に情報を収集したり、多面的に把握したり評価方法を開発していくことが必要となる。

こうした評価の困難さを克服するためには、特別活動における評価方法を工夫しなければならない。学級担任だけの視点で的確な評価が行えない場合には､多くの教職員と協力しながら組織的に情報を収集したり、多様な視点から児童生徒に関する態度や能力を測定したりするべきであろう。

特別活動における評価の方法を考えるとき、従前の教科学習の際に用いられるような知識を問うような筆記テストはあまりなじまない。そこで本章では、特別活動の評価として活用可能性が大きいと考えられるパフォーマンス評価とポートフォリオ評価について取り上げてみたい。

3　パフォーマンス評価

パフォーマンス評価とは､「事実や個別のスキルの評価に重点を置く従来のテストとは異なり、生徒の学習にとって最も重要なこと、すなわちさまざまな現実的な状況や文脈で知識とスキルを使いこなせる能力を評価するためのもの」という定義がある（ダイアン・ハート，1994，p.54)。習得した知識やスキルを活用し現実的な問題に対応して話合いを行ったり、実践的な活動を行ったりする特別活動にとって有効な評価方法であると考えられる。

(1)「1年生を迎える会」の活動の評価例

たとえば、小学校6年生が学級活動において「1年生を迎える会」を計画する、という場面を例にして考えてみたい。入学したての1年生に学校に早くなじんでもらおうと最上級生の6年生が思いついた。まずは計画委員会という活動を計画する児童たちが、学級会の活動について提案するまでの活動の流れと評価について見てみよう。計画委員会の児童に対する評価としては、どういうことが考えられるだろうか。表8-1に計画委員会の活動の概要例を示す。

評価アは、前述の評価の観点の【関心・意欲・態度】が考えられる。1年生を迎える会を開きたいという意欲や最高学年としての責任感ということが、たとえば話合いの中の語りや、計画委員会ノートなどに記録されているかどうかで評価することができる。評価イは、みんなからアンケートを募集するときの方法について具体的に提案できるかどうかを

表8-1　計画委員会の活動及び評価例

日時 (回)	学級委員会の活動予定	教師による支援 指導上の留意点	評価
○月 ○日 ①	学級会のための準備、計画を考える。	なぜ「1年生を迎える会」を開くのか、という提案理由を確認し、学級のみんなにも伝えられるようにする。	ア
○月 ○日 ②	やりたいこと、発表したいことなどのアンケートを学級のみんなに行う。	自分たちのこれまでの経験を想起させたり、1年生の学級担任から情報を集めたりしながら、迎える会にふさわしい内容を選ぶようにする。その上で、学級会の提案を検討させる。	イ
○月 ○日 ③	第1回学級会を開く。アンケートの集計結果を示しながらみんなの意見を集めて発表内容を決める。	話合い活動を通して、みんなが納得して協力し合いながら活動を進めていけるようにする。	ウ

(筆者作成)

【知識・理解】の観点からみることができる。評価ウでは、司会者として話合い活動を組織して進行できたかという【思考・判断・実践】という観点から評価できる。

次に学級の全員に対する評価を検討してみよう。実際に1年生を迎える会の準備が始まって、たとえば1年生にプレゼントを作って渡そうとしたときには、プレゼントの作品作りの過程から評価したり、1年生が喜んでくれるようなプレゼントを作成したかどうかというような製作物のパフォーマンスという観点からの評価を行うことが可能になる。

(2) 評価シートの作成

こうした場合、以下に示すような評価シートを作成して記録しておくことが考えられる（表8-2)。毎時間全員に対してチェックすることはなかなか難しい場合もある。そのため、特に頑張った場面や変容が見られた時などに記録することで、学期末や学年末の総合的な評価を行うときの助けになるような評価シートを、各校の評価の観点に合わせて作成

表8－2　評価シートの例

評価の観点		児童名	児童名
関心 意欲 態度	1年生を迎える会に意欲的に取り組もうとしている。	◎	◎
	決められた自分の役割を果たそうと真剣に取り組んでいる。		◎
	学級のみんなと協力して1年生を迎える会を成功させようとしている。		
思考 判断 実践	1年生を迎える会のねらいに沿って考え、自分の意見を述べることができる。		
	学級会で話し合って決まったこと（プレゼント作り）について協力しながら取り組んでいる。	◎	
知識 理解	話合いで決定した内容についてよく理解している。		◎
	1年生を迎える会の準備や当日の自分の役割について理解している。	◎	

（筆者作成）

することを検討したい。その上で、関係する職員から広く情報を収集するなどの手立てを必要に応じて講じることも大切である。

(3) ルーブリックの作成

パフォーマンス評価を行う場合には、作品や活動の質を評価するための評価基準となる「ルーブリック」を設定する。ルーブリックは評価指標のことで、基準と尺度、尺度の中身を説明する記述語で構成される。パフォーマンス評価は、文脈の中から生み出されるパフォーマンスを分析的に処理するためには必要不可欠なものである（松下, 2012）。ルーブリックの存在は、従来型のテストにおける正誤のような一元的な評価ではなく、多元的な評価が可能である。ルーブリックを策定することにより、ともすると主観的な評価につながりがちなパフォーマンス評価において、基準が設定され妥当な評価が得られることにつながる。チェックリストなどの策定と同様に検討したい作業である。表8－3にルーブリックの例を示す。

表8－3のルーブリックは「1年生を迎える会」に対するパフォーマンスの評価に対応しているが、例えば「協働性」や「活動意欲」を目標としてあげた場合には、そうした視点に即したルーブリックを設定することも可能である。

表8－3　1年生を迎える会のルーブリック例

基準と尺度	記　述　語
大変良い　5	1年生が喜びそうなプレゼントを熱心に作製し、素晴らしい出来栄えだった。
ふつう　3	1年生がもらって喜びそうなプレゼントを作成した。
要改善　1	1年生にプレゼントするには手直しが必要である。

（筆者作成）

また、ここでは「基準と尺度」を3段階に設定しているが、よく見ると段階と段階の間に中間部分があることが見て取れよう。「大変良い－3、ふつう－2、要改善－1」という設定も可能であるが、「5－3－1」という3段階に設定しているのは、「大変良い」や「要改善」と「ふつう」の中間に位置するようなパフォーマンスをする学習者がいた場合に、より細かな評価として中間部分にあたる「4、2」という評価を可能にした、実は5段階の評価に対応するルーブリックとなっている。実践の場ではこうしたルーブリックの設定の仕方が評価しやすいと考える教師も多い。さらにルーブリックを活用しやすくするために、「発言回数」や「作成したカードの枚数」など、より具体的な数値目標を設定する場合もある。

ルーブリックを作成することは、教師も子どもたちも目標を明確にしながら取り組むことができるようになるとともに、自己評価・他者評価に活用することが可能であり、学習・活動計画を立案する上でも重要なポイントである。

4　ポートフォリオ評価

近年いろいろな場面で注目されてきているのが、ポートフォリオ評価である。ポートフォリオとは、もともとは自分の作品をまとめておくケースのことであるが、金融商品の組み合わせのことを指したり、マーケティングの手法を指したり、多方面で活用されている概念である。

教育評価で語られるポートフォリオは、西岡（2003）によると「子どもの『作品』（work）や自己評価の記録、教師の指導と評価の記録などをファイルなどの容器に蓄積・整理するものである。ポートフォリオ評価法とは、ポートフォリオづくりを通して子どもの自己評価を促すとともに、教師も子どもの学習と自分の指導を評価するアプローチである」とされている。

ポートフォリオ評価もパフォーマンス評価の一種であると考えることができ、多元的な評価が可能になる方法の一つである。

(1) 作品の記録の系統的な蓄積

学級活動、児童会・生徒会活動、クラブ活動（小学校)、学校行事と多様な活動から構成される特別活動では、児童の活動の記録を収集し蓄積するときにも工夫が必要である。教師の思いつきで作品を作らせたり、なんでも保存したりしていると作品なのかそうでないのか判別がつかない状況になり、収納ロッカーがパンクしかねない。そのため保存用のファイルの仕方を工夫したり、行事が終わるごとに児童生徒に記録を書いてもらうなど、定着するような形で系統的に記録を保管するようにしていくことが求められる。

(2) ポートフォリオ評価の実践例

ポートフォリオ評価の実践例を見てみよう。以下は、体育祭に取り組んだ後に記した中学校1年生の生徒の感想である。

> A君
>
> ぼくは、体育祭を振り返って、体育祭は楽しかったし、うれしかったと思います。100メートル走は走るまできんちょうしました。ぼくの100メートル走の目標は1～3位です。準備運動をし、スタートしましたがまだきんちょうしていましたが結果は、2位でしたがよかったと思います。次にうれしかったのは、男女別リレーです。ぼくは桃チームです。3回目に走りますが、まだきんちょうしていて、バトンがきたときは3位でした。バトンを受けて走りました。そのまま3位を保つことができ桃チームがゴールしたときは3位でした。これも、よかったと思います。ぼくは、赤団で、閉会式のときの得点発表で、赤団が優勝しました。すごくうれしかったです。体育祭はうれしかったこと、楽しかったことがありました。思い出に残る一日でした。

B子
　私の、この体育祭で1番心に残ったことは2つあります。1つ目は「トライアスロン2015」です。練習では、団ごとに並ぶだけでもとても時間をかけてしまいました。覚えていても友だちが並んでいないと混乱してしまいました。練習を重ねるごとにできるようになったけれど、自分の力のなさにがっかりしました。「常に自分で意識して行動すること」「協力」の大切さを改めて学びました。2つめは応援です。私は100メートル走とトライアスロン2015の2つの競技にしか出場しませんでした。係の仕事もしていなかったので特に応援をがんばっていました。私は団席では最前列の中心にいました。だからパネルの色を変える回数が多くて難しかったです。しかし、応援合戦では繰り返し練習してきた成果を出し切ることができ、とてもうれしかったです。みんなと団結しているのを感じました。また、競技中の応援ではせんぱいと明るく楽しい雰囲気を作り、場を盛り上げることができました。とても楽しかったです。この思い出を大切にして、体育祭で学んだこと、感じたことをこれからの生活に活かしていきたいです。

　A君とB子さんともに、中学校に入学して初めて取り組んだ体育祭の時の様子を具体的に記述している。この2人の感想についてルーブリックを作成して評価してみよう（表8-4)。

　A君は、100m走と男女別リレーという自分の出場した時の心情につ

表8－4　体育祭の感想についてのルーブリック例

基準と尺度	記　述　語
大変良い　5	体育祭での活動について、自分と周囲の人たちの意欲的な取り組みの様子や心情の変化などにも触れながら記述することができた。
ふつう　3	体育祭での活動について、自分と周囲の人たちの様子を記述することができる。
要改善　1	体育祭での取り組みの様子について、さらに記述を深める必要がある。

（筆者作成）

いて丁寧に触れている。緊張感も伝わってくるし、自分のチームが優勝した時の喜びについても嬉しそうに記述している。

一方、B子さんは自分の出場したレースや応援についての様子やその時の心情について触れるとともに、自分の取り組みに対する反省や友人や先輩と協力することの重要性についても記述し、これからの生活への活用についても考えていることがうかがえるものとなっている。2人をルーブリックに基づいて評価してみると、その違いが可視化され、評価することができる。

このように学校行事を行った後に定期的に振り返りの感想を書き、ポートフォリオ評価を行うことで、生徒自身が自己評価を行うことが可能になる。同時に、教師にとっても生徒の変容をとらえることができるようになり、評価につながっていくのである。

5　特別活動における評価のこれから

本章ではパフォーマンス評価とポートフォリオ評価について取り上げながら、特別活動における評価について概観してきた。近年の教育現場においては、従前からの知識重視型の指導及びその確認のための評価テストの在り方から、方向転換を図ってきている。現実的な世界においても活用できるような課題の解決に取り組むことを学習内容とする「真正の評価（authentic assessment）」アプローチなどがその代表的な取り組みである（遠藤，2003）。パフォーマンス評価やポートフォリオ評価の理論的な背景にあるものともいえる。

学級活動として日常の生活の中から課題を発見して解決しようとしたり、学校行事として多彩で創造的な活動を展開したりすることを目標とする特別活動は、まさにこうした現代的な教育のニーズにこたえる学習内容を具備しているといえよう。動的な活動の評価に対する難しさはあるものの、活動している児童生徒の変容を正しく見取ること、評価することは教育の本質ともいえる営為である。

評価にとって重要なのは、その評価の基準をどのように設定するのか、ということである。ルーブリックを妥当で信頼性のあるものにすることによってパフォーマンスが正当に評価されることにつながっていく。そのためには、たとえば一般的であると思われる既存のルーブリックがあったとしても、そのルーブリックそのものをブラッシュアップして「メタ・ルーブリック」を作成することを目指したい。より高次な判断を繰り返すこと、ルーブリックやポートフォリオを再確認していく中で評価方法の妥当性を高めていくことが求められよう。

「ルーブリック」—「メタ・ルーブリック」と高めていくプロセスを経て、改めて各校の実情や目指す児童生徒像と照らし合わせて「自前のルーブリック」を策定する営為が、これからの特別活動の評価には欠かせないものとなるのである。

【引用・参考文献】

Diane Hart 1994　田中耕治 監訳（2012）「パフォーマンス評価入門―真正の評価」論からの提案　ミネルヴァ書房

遠藤貴広　2003　G. ウィギンズの教育評価論における「真正性」概念―「真正の評価」論に対する批判を踏まえて―　教育目標・評価学会紀要第13号　pp.34-43

松下佳代　2012　パフォーマンス評価による学習の質の評価―学習評価の構図の分析にもとづいて―　京都大学高等教育研究第18号　pp.75-97

西岡加名恵　2003　教科と総合に活かすポートフォリオ評価法―新たな評価基準の創出に向けて　図書文化

第9章

人間形成を支える諸理論

子どもたちは集団生活の中で様々なことを学びながら成長・発達していく。しかし、現代の子どもたちは生活習慣の確立が不十分で、自制心や規範意識が低下の傾向にあるとされている。また、友だちや仲間との関係について悩む子が増加し対人関係の形成や維持が困難で苦手になり、自分に対して自信が持てず否定的になる、将来に対して無気力・不安を抱えている、といったことも指摘されている。このような社会面、心理面の発達に必要な要因で重要になってくるのが、集団経験の中における「個」の発達である。つまり、これは特別活動の「望ましい集団生活を保障し、社会性を育むとともに自己形成を促すことを目標とする」ことの意味を含んでいるともいえる。そして、幼少期からの様々な集団経験の積み重ねは、自他を認め合い、支え合い、協力、貢献といった他者とのかかわりを育み、そのプロセスで支えられることを通して子どもは成長・発達する。さらに、集団経験を実現させ達成感や成就感を得ることで成長へとつながっていく（図9－1）。この集団経験を保障し、相互作用の中で子どもたちを育む特別活動の実践をするためには、教師が個と集団に関する発達の理論をおさえておくことが肝要となる。そこで、本章では、人間形成を支える視点から特別活動で展開するためにおさえておきたい心理学の諸理論を紹介する。

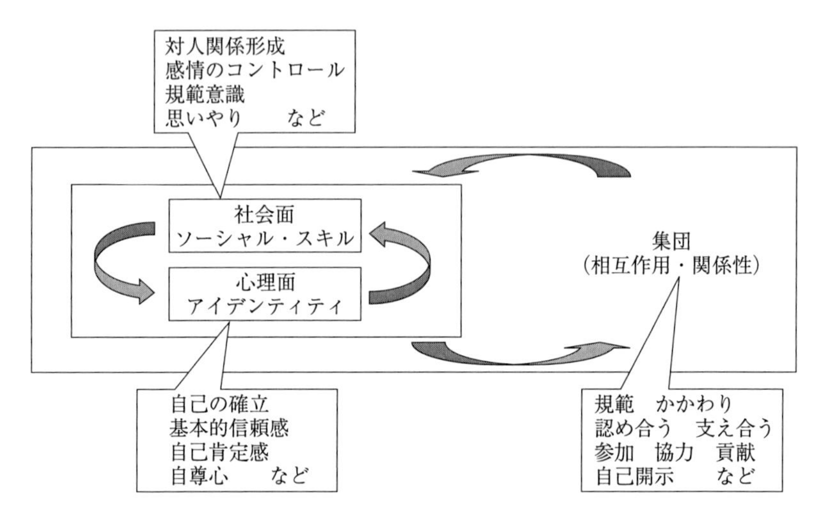

図９－１　個と集団の発達の関連（粕谷，2015）

1　子どもたちの発達

（1）自己意識

自己は、段階的に幼児期から老年期にいたるまで発達するとし、エリクソン（1982）は、8段階の心理・社会的発達段階を提唱した（表9－1）。発達段階に応じて存在する課題ごとに心理・社会的危機があり、それを乗り越えることができると適応的な状態になる一方、課題をこなすことができない場合には病理的あるいは不適応な状態になると考えられている。

特に、青年期は児童期までに確立してきた自己意識を再編成する時期で、自分自身について単一性、連続性、普遍性、独自性、統合された自己の感覚を獲得し、社会の中で位置付けていくことが重要とされている。つまりこれが自己（アイデンティティ、自我同一性）の確立である。そ

表9－1　エリクソンの心理・社会的発達段階

発達段階	心理・社会的危機	重要な関係の範囲
Ⅰ　乳児期 0～1歳	基本的信頼 対 基本的不信	母親的人物
Ⅱ　幼児期初期 1～3歳	自律的 対 恥、疑惑	親的人物
Ⅲ　遊戯期 3～6歳	自主性 対 罪悪感	基本家族
Ⅳ　学童期 6～12歳	勤勉性 対 劣等感	近隣、学校
Ⅴ　青年期 12～18歳	同一性 対 同一性の混乱	仲間集団と外集団：リーダーシップの諸モデル
Ⅵ　前成人期 18～35歳	親密 対 孤立	友情、性愛、競争、協力関係におけるパートナー
Ⅶ　成人期 35～60歳	世代性 対 停滞	(分担する) 労働と (共有する) 家族
Ⅷ　老年期 60歳～	統合 対 絶望	人類、私の種族

(Erikson, 1982より作成)

して、青年期になると自己意識の発達から、自分らしさを探し始め、仲間からの評価を気にしながら様々な経験をしている中で、自分に何ができ、何ができないかを模索する。そして、重要な他者である友だちや親、教師といった周囲の評価や友だちとの比較の中で、自己を発見、再確認するなどして劣等感を克服して自尊心を獲得し、自己を確立する。しかし、この作業は容易ではない。このような時期に成人として働くまでに社会経済的な責任を猶予し、そして確立に向けて援助が行われ、責任や義務を一時的に保留状態にされている状態を「モラトリアム」という。この「モラトリアム」の時期にしたいことがみつからない、あるいは考えたことがないといったように関与すべきことがみつからないと不適応の状態に陥る。

また現在は、青年期は身長や体重などの成熟と早期化する成熟前傾現象の成長加速現象や性的成熟が認められる「発達加速現象」により、青年期の始まりが早くなっている。その一方、親世代の豊かな経済状態を反映し、学校を卒業後に親と同居し、食費や住居費といった生活に係る費用を親に依存して自分の給料でレジャーやぜいたく品を購入する未婚者のパラサイトシングルや進学も就職もせずに職業訓練も受けないニート（Not in Education Employment or Training）、卒業後に定職に就かず自分の夢の実現に向かって努力することや必要な資質や能力を身に付ける意欲もないフリーターが存在する。このように青年期から成人期の移行を遅らせる原因もあり、長くなった青年期における自己意識の新たな確立は様々なタイプを生むことになった。そのため、青年期における集団生活の重要性を理解し、学校教育における子どもたちへの支援は発達段階に即して行われることが求められる（表9－2）。

(2) 感情の発達

児童期は、学業やスポーツなど特定の領域で他者と比較し、他者より優れていると誇りを経験し、高められた自己評価を維持するために努力や様々な活動に対して動機づけが高まる。しかし、自分にとって重要な領域が他者より劣っている場合、向上しようとする動機づけと他者に対する怒り、劣っていることへの恥、相手がもっていることに対する妬みといった感情が喚起される場合がある。特に、小学校4・5・6年生では学業で他者に対して妬みが生じやすく、妬みを感じやすいほど、悪口を言う、叩くなどの破壊的行動が喚起されやすいことが明らかになって

表9-2　青年期の自我意識に関する危機の経験の状況

危機の経験	自我の状態	特　　徴
未経験	早期完了	親が期待する幼・児童期からの自己像と不協和がなく、どのような体験も幼・児童期以来の自己像を補強するだけになっている状況。
経験中	モラトリアム	いくつかの選択肢の中で迷っている最中でありながら、問題に直面することを避けいている状況。
	積極的モラトリアム	いくつかの選択肢の中で迷っている最中であり、最も自分らしい選択に向けて、一生懸命努力している状況。
経験中	アイデンティティの確立	幼・児童期からの自分の在り方に確信がなくなり、いくつかの可能性に基づいて考えた末、自分自身の解決に対し、それに基づいて行動している状況。
	アイデンティティの拡散	自分自身の解決にいたらず、自己喪失に陥っている状況。

（筆者作成）

いる（澤田, 2005）。

怒りを制御できなかった場合は罪悪感を経験するが、8歳くらいまでは他者に罰せられる恐れから他者にばれないことを望み、罪を告白せずに他者を避けようとする傾向がある。10歳になると守ろうと思えば守れた規則を破ったことで他者を傷つけたことに共感することで罪悪感を経験するようになり、謝罪や罪の告白が行えるようになる。そのため、「ごめんね」と罪悪感を示すと友だちの気持ちを想像して、怒りを低減させることもできるようになる。この相手の気持ちや考えを適切に想像する力は役割取得能力（表9-3）ともいう。

青年期では、第二次性徴による身体変化を契機に親から自立しよう（心理的離乳）と、親とは異なる意見をもち反抗的な態度に見えることもある（第二反抗期）。また、公的自己意識が高まり外見に気を配り、異性愛も高まることから「髪型がいや」「失敗したらどうしよう」など恥を感じるようになる。そのため、恥をかかないよう迷惑行為を抑制し、事前に準備するなど恥による行動の制御がみられる。さらに、教師や友だちとの関係、勉強など学校生活においてうまくいかないと、自信を失い、不安や抑うつ感情が高まり、無気力になってしまう。このようなストレスの反応は中学３年生が一番高くなるとされ、感情的対処のあり方がストレス反応を低める（嶋田, 1998）。そのため、友だちを励ます、相手の気持ちを考えて話す、あたたかいことばをかけるといったソーシャルスキルの向上も有効になってくると考えられる。

そのような中で、友人より優れていることや恵まれない人との比較から、自分が何もできないこと（傍観者罪悪感）にも罪悪感を経験する。同時に、比較の範囲が広がっていき、学級や学校、文化など集団に対する誇りや集団における自他の尊敬の経験により、集団への誇りを維持するためにいじめなどの問題行動を抑制することも可能になる。このように様々な感情はアイデンティティ確立において非常に重要になってくるのである。

（3）役割取得能力

他者とのかかわりにおいては、自己中心的な視点にしか立てなかったが、しだいに他者の存在に気付き、他者が自分のことを第三者的な立場で考えたり、社会の一員として自分や他者の考えを推測するなど、視点の取り方の段階が向上していくことが明らかになっている。この視点は、セルマンの視点取得能力でもあり、「自他の違いを認識し、他者の立場から他者の欲求や感情、思考や意図等を推し量り、社会的な観点で判断する能力」とされている（渡辺, 2001）（表９－3）。学級や集団の活動の中で活動場面の最中や振り返りの際に、互いのよさを認め合い、相互の信頼関係を高め合う時に非常に役立つ。他者とのかかわりで求められることは、他者理解や共感、コミュニケーション能力といったソーシャルスキルの発達である。それは、仲間との交渉の中で育まれるとされ、とりわけ誤解や共感の欠如といった問題のある相互交渉の経験において他者理解や共感の発達が促されるとする。

このように他者の気持ちや考えを適切に推測できるようになるということは、相手の立場に立って共感し、社会的関係や集団において他者の気持ちや考えを予測することを助けるものとなり、他者が自分の行動に対してどのような応答をするかを踏まえた上で自分の行動を考えることができるようにもなる。

また、他者の要求に効果的に反応することもでき、難しい社会的状況をうまく解決し、他者から好意をよせてもらえるようにもなる。これによりソーシャルスキルが高められ、人間関係が豊かになり、集団も良好

表9－3　役割取得能力の発達段階

段階0：自己中心的視点取得（3～5歳）
自他の視点の区別が困難で、自己中心的である。

段階1：主観的視点取得（6～7歳）
自分と他者の視点を区別して理解するが、同時に双方を関連付けることができない。自己の視点が強く反映され、「笑っているから幸せ」といった表面的な行動から感情を判断するところもある。

段階2：二人称相応的役割取得（8～11歳）
他者の視点に立って自分の行動や思考が内省できるが、第三者の視点からそれぞれの視点を合理的に調整することができない。人の内省を正しく理解するのは限界があることを認識する。

段階3：三人称相互的役割取得（12～14歳）
自分と他者以外の第三者の視点をとることができ、それぞれの視点や相互作用を調節し、考慮することができる。

段階4：一般化された他者としての視点取得（15～18歳）
多様な視点が存在する状況で自分自身の視点を理解する。社会システムの視点から合理的な個人の視点をとり、互いの主観的視点がより深い象徴的なレベルで存在するものと概念化していることから「言わなくても明らかな」といった深いところで共有された意味を認識する。

（渡辺，2001より作成）

に維持できる。そしてこの能力については、発達段階が高い者ほど効果的な言語表現をし、攻撃的な自己表現をしないことが明らかとなっている（Abrahami, Selman, & Srorn, 1981）。

2　子どもをとりまく人間関係

(1) ソーシャルスキルの発揮

ソーシャルスキルとは、「対人関係を円滑に築き維持するスベやコツ」（渡辺・原田, 2015）をいう。そして、子どもの問題行動や対人関係の不得手を性格のせいにせず、経験や体験、学習を積むことによって身に付けたり改善したり、また不足しているソーシャルスキルについてトレーニングを通して学び、対人関係上のトラブルを解決する考え方や行動を習得することが大事とされている。その方法としてソーシャルスキルトレーニングがある。日常のコミュニケーションにおいて相手を思いやることができていると、ネットワーク上でも同様の行動ができるとされ、情報社会において対面上とネット上のコミュニケーションスキルのバランスが求められている。

そして、ソーシャルスキルとあわせて身に付けさせたいコンピテンシー（単なる知識だけでなく、技能や態度を含む様々な心理的・社会的なリソースを活用して特定の文脈の中で複雑な要求（課題）に対応する力）は3つある。①自分の視点から、他者の視点、社会の視点、さらには地球規模の視点といった空間的な広がりを認識できる力の対人関係能力、②過去から現在、そして未来を通して多くの事柄を関連付け、見通す力の時間的展望能力、③自分がわかっていること、わかっていないことに客観的に気付くことができる力のメタ認知である。以上の総合能力と呼ぶべきコンピテンシーも獲得させ、社会で独り立ちできる自律性や対人関係能力、実行力の基礎的な力を身に付けさせたい。これらは合意形成・課題解決するための基盤になるともいえる。

(2) 仲間関係の発達

子どもたちは、規律ある集団の中でかかわりを持つ中、自他が共に認め合って支え、参加する活動で協力をし、それぞれのよさを発揮して貢献するためには、他者の考えや意見を尊重しつつも自己開示をすることが求められる。このとき重要になるのが仲間集団である。子どもたちにとって仲間は、学校生活の中で重要な位置を占め、この状況が安定・安心か否かによっては学校生活を大きく左右する。そのため、仲間関係の発達の特徴を理解しておくことは非常に重要である。特に、思春期・青

表9－4　仲間関係の発達

ギャング・グループ	児童期後期の小学校高学年ごろにみられる仲間集団。基本的に同性の成員から構成される集団で、男児に特徴的に見られる。同じ遊びをするといった同一行動を前提とし、その一体感が親密性をもたらす。権威に対する反抗性、他の集団に対する対抗性、異性集団に対する拒否性などが特徴である。
チャム・グループ	思春期前期の中学生にみられる仲間集団。基本的に同性の成員から構成される集団で、女児に特徴的にみられる。同じ興味・関心や部活動などを通じて結びついた集団で、互いの共通点・類似点をことばで確かめあうことがしばしば行われる。自分たちだけでしかわからないことばを作りだし、そのことばがわかるものが仲間であるという同一言語により集団の境界線を引くというのも特徴的である。
ピア・グループ	高校生ぐらいからみられる仲間集団。男女混合で、年齢に幅があることもある。ギャング・グループやチャム・グループとしての関係に加えて、互いの価値観や理想、将来の生き方などを語り合うような関係で結ばれている。共通点や類似性を確認し合うだけでなく、互いの異質性をぶつけ合い、自己と他者の違いを明らかにしながら、自分らしさを確立していくプロセスがみられる。異質性を認め合い、違いを乗り越えたところで自立した個人として互いを尊重し合って共存できる状態が生まれてくる。

(保坂，1996)

年期の仲間関係については、チャム・グループやピア・グループを形成する時期にあたる（表9－4）。この時期は、スケープゴートを作ることで集団を維持する、互いの違いを認められずに成熟した仲間集団を形成できないなど、仲間関係をめぐるトラブル、いじめが生じやすい。身体的・心理的な変化が大きいこの時期は、親や教師よりも友だちの存在が心の大きな支えとなる傾向にあり、大人への移行に伴う不安や緊張を和らげたり共有したりする大切な存在となるため、友人への傾倒が強くなる特徴があるので複雑な状態に陥りやすい。たとえば、傷つくことを恐れて本音を隠して友人とつきあい、仲間集団の雰囲気を悪くする話題や振る舞いを回避するといったことも見られ、心身に影響を及ぼす場合もある。

【引用文献】

Abrahami, A., Selman, R.L. & Srorn, C. 1981. A developmental assessment of children's verbal strategies for social action resolution. *Journal of Applied Developmental Psychology*, 2, 145-163

Erikson, E.H. 1982 村瀬孝雄・近藤邦夫 訳（1973）ライフ・サイクル　その完結　みすず書房

保坂亨　1996　子どもの仲間関係が育む親密さ―仲間関係における親密さといじめ　現代のエスプリ　353　pp.43-51

粕谷貴志　2015　子供たちの現状と特別活動　渋谷真樹・中澤静雄・金子光夫・井深雄二編　集団を育てる特別活動　ミネルヴァ書房

澤田匡人　2005　児童・生徒における妬み感情の構造と発達的変化―領域との関連及び学年差・性差の検討―　教育心理学研究　53　pp.185-195

嶋田洋徳　1998　小中学生の心理的ストレスと学校不適応感に関する研究　風間書房

渡辺弥生　2001　VLFによる思いやり育成プログラム　図書文化社

渡辺弥生・原田恵理子　2015　中学生・高校生のためのソーシャルスキル・トレーニング　明治図書

第10章

特別活動の新たな展開

私たちが暮らす社会は、急速な情報化とグローバル化により、新しい技術や多様性のある文化を受け入れていくことが求められている。当然、学校現場でも様々な変化の波にさらされ、学校における集団活動の重要性はますます増している。教室では多様な文化的背景をもつ子どもたちが共に学び、多文化的な社会へと卒業していく。そのような中、自他を認め合う人間関係を築きコミュニケーション能力を高め、自己の生き方を考えて自己を生かす能力を養い、多様な他者と共存できるグローバルな市民性を育成するためには、特別活動の果たす役割は大きい。

1　多文化共生教育

現在、日本の学校には10万123人（小学校5万9,747人、中学校2万3,963人、高等学校1万5,499人、特別支援学校914人）の外国人児童生徒が学び（文部科学省, 2018a)、日本語指導が必要な児童生徒は、約3万4,335人にのぼり（文部科学省, 2016a)、年々増加をしている。また、日本人の小・中学生約7万8千人が海外で暮らし、そのうち約1万人の子どもが、毎年、帰国している（文部科学省, 2016b)。さらに、日本人の親から生まれてくる子どものうち50人に1人は、片方の親が外国人である国際結婚家庭の子どもたちである。グローバル化は、日本人の両親のもとに日本で生まれ育った子どもにとっても身近である。そのため、様々な文化的背景を持つ子どもたちと同じ学校、教室で、あるいは地域で一緒に学び、活動する機会に出会う可能性はどの子どもにもある。ますますグローバル化する中、これから生きていく時間の中では異なる文化的背景を持つ人々と人間関係を築いて協働し、互いを尊重しながら支え合って生きていく能力が求められるといえる。

ここで、来日する外国人児童生徒に対して特別活動を通した学校適応過程はどのようにしたらよいのか、学校の中での居場所づくり、周囲の友人とのコミュニケーションについてまとめてみる。児童生徒の多くは日本語に不自由し、新しい環境で不安や戸惑いを抱えている。言語などの文化の違いにより、これまでできたことができなくなってしまうなどの深い無力感に襲われることも少なくない。また母国によってはメディアや学校教育で日本人に対する固有のイメージを持っている。このような中、一方的に教師が支援したり、日本語が不自由だからと役割や課題を免除することは自立や満足につながらないだけでなく、自己肯定感、自尊心、集団への帰属感を低下させかねない。学級や学校が「一人一人が役割を分担し、その役割を全員が共通理解し、自分の役割や責任を果たすとともに、活動の目標について振り返り、活かすことができる」望ましい集団活動の場となるよう、教師はその子どもの実態を把握して環境づくりをすることが求められる。

たとえば、行事や学級活動において子どもがすぐにできる、あるいはふさわしい役割を与え、「自分も何かできる」「役立っている」といった充足感や自信につなげ、自主性を育てていくことが大事になってくる。このような流れの中から、多様な他者との人間的なふれあいを通して、自他のよさや可能性に気付き、理解してそのよさや可能性を互いに認め合い、よりよく伸ばし合うとともに、自分への自信を持ち積極的に集団活動に参加していくといった個性の伸長が図られる教室の風土を醸成していくことが肝要である。

また、日本語が難しければ子どもの母国語や文化などを紹介する、一方その子どもの友人は日本の文化や言葉を教えることにより、日本人としてのアイデンティティを再確認するなどである。この他に、生徒会活動や学級や学年を超えた異年齢集団での活動を通して、特に年長者からの刺激を受け、見て育つことで学校特有の文化の継承も果たしたい。

外国にルーツがある児童生徒の多くは、教科学習では活躍することが難しい。そのため学級、学校、社会において、その子どもが果たすべき役割を持っているかけがえのない存在であると、体験を通して実感させる場としては特別活動が非常に有益である。なかでも、学級は、係活動等活躍できることがあふれ、協働作業や体験活動、交流体験ができる環境にあり、違いを認め合って異なる者同士が共生していくことを学ぶには絶好の場である。留学生や外国籍住民などが地域にいる場合は、積極的に交流する機会を用意し、多様な人々と認め合い共生していく能力を高めていくことも重要である。

写真10－1　高大連携による留学生交流

たとえば、千葉県の公立高校と東京情報大学では高大連携の一環として、年に一度、留学生と交流を図る取り組みが高校で行われている（写真10－1)。留学生は伝統衣装を身にまとって高校生に自国の文化や芸術を紹介し、高校生は留学生と書道などの日本の文化を一緒に体験し、その後におしゃべりをする時間をとって交流を図っている。このように地域にある大学や専門学校と連携して交流を図ることができる。

グローバル化が加速する中、多様な他者と共存できるグローバルな市民性の育成は急務の課題であることから、このような取り組みが積極的に行われていくべきであろう。

2　アクティブ・ラーニング

文部科学省が作成した用語集によると、「アクティブ・ラーニング」は次のように説明されている。

> 教員による一方向的な講義形式の教育とは異なり、学修者の能動的な学修への参加を取り入れた教授・学習法の総称。学修者が能動的に学修することによって、認知的、倫理的、社会的能力、教養、知識、経験を含めた汎用的能力の育成を図る。発見学習、問題解決学習、体験学習、調査学習等が含まれるが、教室内でのグループ・ディスカッション、ディベート、グループ・ワーク等も有効なアクティブ・ラーニングの方法である。

これによると能動的な学修（学習）は、アクティブ・ラーニングであることになる。近年、大きく取り上げられることも増え、これからの児童生徒の学びにも大きな影響を与えるであろうアクティブ・ラーニングの定義は幅広い。

このようにアクティブ・ラーニングが広く喧伝されるようになってき

たわけは、先述した用語集にあるように、従来型の講義形式による知識注入型授業に対する批判と反省による。講義型の授業では、知識を授受するという学習者にとっては受け身的なスタイルになりがちであり、学習意欲を阻害し学びの成果も少ないことが指摘されているためである。「講義型の『ため込む学び』から創造的に展開していく『つながる学び』へとスタイルを変更していくことで、頭にため込む知識から教室の外部へとつながり周りと分け合うことで、知識はさらに大きなものへと変貌していく」と久保田（2014）は述べている。

アクティブ・ラーニングを学びの中で実践しようとするときに、すでに各地で実践されているいくつかの方法をあげることができる。

（1）協同学習の実践

小学校から大学までの広い範囲において、比較的教室に導入しやすいと思われるアクティブ・ラーニングの手法の一つが協同学習である。ともするとグループ学習と協同学習が同様に扱われることがあるが、杉江（2011）によると協同学習は指導の技法ではなく教育原理であることを強調している。少人数で学習目標に向かって共に学んでいくという活動を経験することで、自分自身と他者のかかわりを深めリーダーとフォロワーの役割を学ぶこともあることなど、具体的な内容をもとに有効性を述べている。

協同学習の実践により、論理的に思考し相手に対して説明する力を養うことができること、創造的な思考力が高まること、相手の立場や理論を受容する態度を養えることなどをあげることができる。広い年代において有効なアクティブ・ラーニングの方法であるといえる。協同学習の具体的な方法としては、グループ内から課題に応じて１名ずつ抽出して新たなグループを作り、そこでの活動の様子をまたもとのグループに戻って紹介し合うといった「ジグソー学習」という方法なども実践されている。

(2) PBL (Problem Based Learning) 学習

PBL学習としては、標記したような「プロブレムベースドラーニング」と、ほぼ同様の学習プロセスとして紹介されることの多い、「Project Based Learning (プロジェクトベースドラーニング)」がある。どちらも、学習者の問題事象を含んだテキストを読み、その問題を解決するプロセスを通して学習していくという学習過程を経る点において類似しているといえる。

最終的な学習目標として問題解決のみを企図しているのではなく、問題解決に至るプロセスにおいて獲得するスキルや概念を獲得することもねらいの一つとしている。こうした学習の流れは、現実世界の問題を題材にし、社会的な文脈に位置する課題に対面したりすることによる学習意欲の喚起を誘引する、満足感を味わうことができる、コミュニケーションの向上に役立つ、などの効果が考えられる。

(3) 受動的な学習から積極的な学習へ

下の写真10－2は、アクティブ・ラーニングを大学の階段教室で実践している場面である。課題をもとに、話合いを進めている。設定してい

写真10－2　アクティブ・ラーニング

るのは終了の時間といくつかの決まり事だけである。階段教室のためにグループ作りにやや時間がかかることもあるが、約250名程度の集団であれば、数分程度で5～6人のグループを作るのは容易である。なるべくなら意見が一方向に傾くことがないように、同性、同一サークル、同一ゼミといったグループ作りはしないようにすると、いろいろな意見が出てきて話合いが活発になる。授業後の感想も、総じて通常の受動的な学習から積極的な話合いへと変容したことに満足している様子を記述しているし、話合いが深まったことに触れたりするなど好意的な評価が多かった。

グループ作りや課題の設定の仕方、進行の仕方など教師にとっての困難も多いのだが、効果的な学習方法であることは確認できる。主体的な学ぶ意欲を育て、つながる学びへと進化させていくためにも、アクティブ・ラーニングの試みはこれからさらに拡がっていくことが望ましいと思われる。つまりは、知識の理解の質を高め、資質・能力を育む「主体的・対話的で深い学び」へとなっていくのである。

3　ICTを活用した授業

特別活動において話合い活動は重要なウエイトを占め、指導計画の展開にあっても重視されている。児童生徒のコミュニケーションの多様化、表現力の育成等を、マルチメディアの視聴、生徒によるカメラ・ビデオの利用、プレゼンテーションやコミュニケーションを取り入れたりする学習活動により、豊かな教育活動の展開が可能である。つまり、「主体的に学習に参加したり、他者とのコミュニケーションを活性化させたりする」いわゆるアクティブ・ラーニングを実現するツールになりうるのである。教材を電子化し、単に閲覧したり省力化・効率化したりするだけでなく、意欲的、協働的に、また創造的な学びや活動を実現するための道具としてICT機器は大いに役立つのである（原田・森山, 2015）。子どもたち一人一人に個別最適化され、創造性を育む教育としてICT環境の実現が目指される中（文部科学省, 2019）、今後一層ICTの活用は日常のものとなっていくであろう。以下にその活用について紹介する。

調べ学習などで学外へ出かけたときに、カメラやビデオで撮影し、静止画及び動画で記録する。撮影した写真や映像はすぐにネットワーク上で共有し、他者の撮影した結果と比較することができる。また、撮影された結果は、電子黒板等に投影して発表を行うほか、各自がプレゼンテーションやレポート形式にまとめる際の素材として活用することができる。

また、教育ソフトをダウンロードして活用する方法もある。写真、動画、テキスト、Webなどのカードを線でつなぐだけで簡単にプレゼンテーションが行えるツールとしてロイロノート（http://loilo.tv/jp/product/ipad_edu_note）がある。児童生徒は考えや意見等をカードに文字入力したり、写真を取り込んだりしながら、その内容をまとめる。そしてそれぞれのカードを線でつなぎ、プレゼンテーション資料を作成することができる。話合い活動では、教師や司会者、そして児童生徒の交流を促し、理解度や意見・考えをその場ですぐにチェックしたり、共有することができるピンポン（PingPong）がある。モバイル端末用手書きソフトのNote Anytimeでは、学級活動、委員会や生徒会活動等における新聞作りができる。デジタル教科書のワークシートを使って新聞の特徴を意識した記事の割り付け、カリグラフィーペンで手書き文字を書いたり、色の設定やグラデーションも自由にでき、ポスター作りにも活用できる。

ローカルなSNSでは、情報共有をチャット感覚で行うことができ、オンラインで発言する中で全員の意見を聞くことができ、参考資料やプリントなどを、いつでもどこでも簡単に共有することが可能となるEdnity（http://www.ednity.com/）や小学校の児童をつなぐコミュニティサイトのグーパ（http://www.goo-pa.jp/）といった学校図書サイトが利用できる。このほかにもデジタル教材アプリは多く開発され、提供されている。また、オンライン授業や遠隔授業が当たり前になっていくであろう。教師は、児童生徒の実態や活動の展開に合わせて活用できるように、ICT教育のスキルの獲得が求められる。

これらのコミュニケーションツールを活用して、児童生徒の学びを深めるためには、情報リテラシーや情報モラルを学ぶことも必要になってくる。ツールを活用するだけでなく、同時に、様々なネチケットを学ばせる。このことは、これからの情報化社会を生きる児童生徒にとっては、集団や社会の一員としてよりよい生活や人間関係を育むことにつながる重要な学びであるともいえる。

4　予防的・開発的教育

体験活動の一環として、予防的・開発的な教育がこれまでに導入されてきた（表10－1）（原田, 2012）。すべての子どもたちを対象に、子どもたち一人一人の発達段階に即して発達課題を獲得し、自己理解を深めるとともに、「よりよく生きようとする力」を信じて集団及び個に応じた支援を組織的に行うことが「開発教育」である。いいかえると、すべての子どもたちの成長発達を支えていく支援となる。

一方、発達段階の早期から、すべての子どもたちを対象に、集団の力を利用しながら心理的課題に取り組み、いじめ、喫煙、うつ病、ストレスなどの諸問題が生じてからその対策をとるよりも、未然に防ぐために子どもたちの生活環境を調整し、日々の生活が安心できるようにするための支援が「予防教育」である。共通して言えることは、心理教育的援助サービスの一環として、学校にいる子どもたちすべてを対象に、教育

表10－1　学校で行われてきた予防的・開発的教育

予防的教育	問　　題
情緒・行動関連	いじめ、暴力、攻撃性、怒り・苛立ち、非行、反社会的行動、犯罪、不登校、引きこもり、依存、消極性、無気力、ストレス、不安、うつ病
健康・生活問題	生活習慣病、肥満、性関連問題、薬物乱用、飲酒、喫煙、虫歯、交通事故、災害時の対策、犯罪被害
学業に関する問題	退学、中退、学習到達度
開発的教育	**課　　題**
対人関係 進路学習	自尊心、向社会性、ソーシャルスキル、アサーションスキル 怒りのコントロール、ネガティブな反芻、レジリエンス 問題解決能力、自己理解、道徳的規範、自己決定能力

（原田，2012を参考に作成）

課程の中で積極的に行われるべき支援であるため、特別活動においても当然、行われるということである。なかでも、集団活動における人間関係の形成、心身の健全や健康の保持増進、ルールや規則、マナーといった公共の精神、自尊心やレジリエンスといった自己を生かす能力は、近年、心理教育プログラムが実践され始めている。集団の特性を生かし、各学年の発達段階に即した指導の作成と効果的な展開ができるよう、プログラムを援用したい。

そこで、実際に学校現場で実践されている人間関係の形成に関するプログラムを紹介する。ターゲットスキルやエキササイズは表10－2のとおりである。

（1）ソーシャルスキル・トレーニング

ソーシャルスキルとは「対人関係を円滑に築き維持するスベやコツ」で、性格のせいにせず、具体的な行動ややり方を教える練習をソーシャルスキル・トレーニングという。コミュニケーション力の向上、対人関係の問題解決、いじめ予防、レジリエンスの獲得を目的に、キャリア教育

表10－2　心理教育のターゲットスキル及びエクササイズの例

ソーシャルスキル・トレーニング	ピア・サポート	構成的グループ・エンカウンター
自己紹介 あいさつ お願いする 断る 聴く 自尊心 敬意をはらう 感情のコントロール 目標を立てて実行する 感謝 共感 主張する	聴くことの練習 言葉について考える 傾聴と共感 傾聴1～3 感情の受け止め 問題解決 対立解消1・2 自己振り返り	自己紹介、団結くずし 他己紹介ゲーム、いいところ探し さいころトーキング なんでもバスケット じゃんけんインタビュー 10年後の私、ブラインド・ウォーク グループ大縄跳び 探偵ゲーム、テーマ別フリートーキング 模擬店、クラス全体大縄跳び Xからの手紙 別れの花束

（原田，2012を加筆して作成）

や情報モラル教育、道徳教育、総合的な学習の時間（改定後は、「総合的な探究の時間」）、特別活動の中でその目的に合わせて実践されている。

(2) ピア・サポート

ピア・サポートとは、「同世代の仲間同士による支援活動を組織し、生徒の自然な援助資源を活かし、友人に援助の手を差し伸べようとする活動」をいう。生徒会活動や学級活動における対人関係形成の能力を養う以外に、学習支援、いじめ予防、性教育、自己肯定感などに焦点をあてたピア・サポートが、中学や高校、さらには大学においても近年、積極的に行われるようになってきている。

(3) 構成的グループ・エンカウンター

構成的グループ・エンカウンターは、開発的カウンセリングの一技法として、その活動のねらいをある程度定めたプログラムをもとに、リーダーが時間や人数を配慮した課題を提示しながら展開するグループアプローチである。自己理解や他者理解、自己受容、自己主張、信頼体験、感受性の促進をねらった課題に基づき、集団学習体験を通して、行動の変容と人間的な自己成長をねらいとしている(國分, 1999)。学級及び学年開き、学校行事や学年行事、学級活動に関連させて活用されている中、それらの活動自体の持つ教育的意義とつながりを持つことで教育効果の定着を図ることが重要になってくる。

【引用・参考文献】

原田恵理子　2012　予防教育・開発教育　渡辺弥生・榎本淳子編　発達と臨床の心理学　ナカニシヤ出版

原田恵理子・森山賢一　2015　ICT 教育における新しい学校教育　北樹出版

岩崎千晶編　2014　大学生の学びを育む学習環境のデザイン—新しいパラダイムが拓くアクティブ・ラーニングへの挑戦—　関西大学出版部

國分康孝　1992　構成的グループ・エンカウンター　誠信書房

國分康孝　1999　カウンセリングの理論　誠信書房

久保田賢一　2014　高等教育を取り巻く環境の変化を考える　岩崎千晶編著　大学生の学びを育む学習環境のデザイン：新しいパラダイムが拓くアクティブ・ラーニングへの挑戦　関西大学出版部

文部科学省　2008　小学校学習指導要領解説

文部科学省　2008　中学校学習指導要領解説

文部科学省　2009　高等学校学習指導要領解説

文部科学省　2016a　日本語指導が必要な児童生徒の受け入れ状況等に関する調査(平成 28 年度)

文部科学省　2016b　海外で学ぶ日本の子供たち

文部科学省　2017　小学校学習指導要領解説

文部科学省　2017　中学校学習指導要領解説

文部科学省　2018a　学校基本調査

文部科学省　2018b　高等学校学習指導要領解説

文部科学省　2019　子供たち一人ひとりに個別最適化され、創造性を育む教育ICT環境の実現に向けて—令和時代のスタンダードとしての1人1台端末環境—〈文部科学大臣メッセージ〉
杉江修二　2011　協働学習入門—基本の理解51の工夫—　ナカニシヤ出版
渡辺弥生・原田恵理子　2015　中学生・高校生のためのソーシャルスキル・トレーニング　明治図書出版

※ 本章の一部は、JSPS科研費18K03075の助成を受けたものです。

資　料

学校教育法施行規則
学習指導要領【特別活動】
　小学校学習指導要領
　中学校学習指導要領
　高等学校学習指導要領
小学校学習指導要領比較対照表【特別活動】
中学校学習指導要領比較対照表【特別活動】
高等学校学習指導要領比較対照表【特別活動】

学校教育法施行規則

学校教育法施行規則（抄）

（昭和22年文部省令第11号）

第4章　小学校

第2節　教育課程

第50条　小学校の教育課程は、国語、社会、算数、理科、生活、音楽、図画工作、家庭及び体育の各教科（以下この節において「各教科」という。）、道徳、外国語活動、総合的な学習の時間並びに特別活動によつて編成するものとする。

第5章　中学校

第72条　中学校の教育課程は、国語、社会、数学、理科、音楽、美術、保健体育、技術・家庭及び外国語の各教科（以下本章及び第7章中「各教科」という。）、道徳、総合的な学習の時間並びに特別活動によつて編成するものとする。

第6章　高等学校

第1節　設備、編制、学科及び教育課程

第83条　高等学校の教育課程は、別表第3に定める各教科に属する科目、総合的な学習の時間及び特別活動によつて編成するものとする。

第8章　特別支援教育

第126条　特別支援学校の小学部の教育課程は、国語、社会、算数、理科、生活、音楽、図画工作、家庭及び体育の各教科、道徳、外国語活動、総合的な学習の時間、特別活動並びに自立活動によつて編成するものとする。

第127条　特別支援学校の中学部の教育課程は、国語、社会、数学、理科、音楽、美術、保健体育、技術・家庭及び外国語の各教科、道徳、総合的な学習の時間、特別活動並びに自立活動によつて編成するものとする。

第128条　特別支援学校の高等部の教育課程は、別表第3及び別表第5に定める各教科に属する科目、総合的な学習の時間、特別活動並びに自立活動によつて編成するものとする。

学校教育法施行規則の一部を改正する省令（平成29年文部科学省令第4号）（抄）

（平成29年3月14日公布、同年4月1日施行）

第1　改正の概要

本改正は、学校におけるスポーツ、文化、科学等に関する教育活動（学校の教育課程として行われるものを除く。）に係る技術的な指導に従事する部活動指導員について、その名称及び職務等を明らかにすることにより、学校における部活動の指導体制の充実が図られるようにするものであること。

第2　留意事項

1　部活動指導員の職務

(1) 部活動指導員は、学校の教育計画に基づき、生徒の自主的、自発的な参加により行われるスポーツ、文化、科学等に関する教育活動（学校の教育課程として行われるものを除く。）である部活動において、校長の監督を受け、技術的な指導に従事すること。

(2) 部活動指導員の職務は、部活動に係る以下のものが考えられること。なお、部活動指導員が置かれる場合であっても、これらの職務を教諭等が行うことを妨げるものではないこと。

・実技指導
・安全・障害予防に関する知識・技能の指導
・学校外での活動（大会・練習試合等）の引率
・用具・施設の点検・管理
・部活動の管理運営（会計管理等）
・保護者等への連絡
・年間・月間指導計画の作成

部活動指導員が作成する場合は、学校教育の一環である部活動と教育課程との関連を図るためなど必要に応じ教諭等と連携して作成し、校長の承認を得ること。

・生徒指導に係る対応

部活動指導員は、部活動中、日常的な生徒指導に係る対応を行うこと。いじめ暴力行為等の事案が発生した場合等には、速やかに教諭等に連絡し、教諭等とともに学校として組織的に対応を行うこと。

・事故が発生した場合の現場対応

部活動指導員は、事故が発生した場合は、応急手当、救急車の要請、医療機関への搬送、保護者への連絡等を行い、必ず教諭等へ報告すること。特に、重大な事故が発生した場合には、学校全体で協力して対応する必要があるため、直ちに教諭等に連絡すること。

(3) 校長は、部活動指導員に部活動の顧問を命じることができること。また、教諭等の顧問を置かず、部活動指導員のみを顧問とする場合は、当該部活動を担当する教諭等を指定し、上記(2)にあるように年間・月間指導計画の作成、生徒指導、事故が発生した場合の対応等の必要な職務に当たらせること。

(4) 部活動指導員は、当該部活動の顧問である教諭等や上記(3)の部活動を担当する教諭等と、日常的に指導内容や生徒の様子、事故が発生した場合の対応等について情報共有を行うなど、連携を十分に図ること。

7　生徒、保護者及び地域に対する理解の促進

学校の設置者及び学校は、部活動に対する生徒や保護者、地域の関心が高いことから、部活動指導員の配置に当たっては、事前に情報提供を行うなど、生徒や保護者等の理解を得るよう努めること。また、学校の設置者は、部活動指導員の確保に資するため、地域の体育協会、スポーツ団体及びスポーツクラブ等との連携を積極的に図ること。

第3　施行期日

本施行通知に係る省令については、平成29年4月1日から施行することとしたこと。

学習指導要領【特別活動】

小学校　学習指導要領
（平成29年3月）

第6章　特別活動

第1　目標

集団や社会の形成者としての見方・考え方を働かせ、様々な集団活動に自主的、実践的に取り組み、互いのよさや可能性を発揮しながら集団や自己の生活上の課題を解決することを通して、次のとおり資質・能力を育成することを目指す。

(1) 多様な他者と協働する様々な集団活動の意義や活動を行う上で必要となることについて理解し、行動の仕方を身に付けるようにする。

(2) 集団や自己の生活、人間関係の課題を見いだし、解決するために話し合い、合意形成を図ったり、意思決定したりすることができるようにする。

(3) 自主的、実践的な集団活動を通して身に付けたことを生かして、集団や社会における生活及び人間関係をよりよく形成するとともに、自己の生き方についての考えを深め、自己実現を図ろうとする態度を養う。

第2　各活動・学校行事の目標及び内容

〔学級活動〕

1　目　標

学級や学校での生活をよりよくするための課題を見いだし、解決するために話し合い、合意形成し、役割を分担して協力して実践したり、学級での話合いを生かして自己の課題の解決及び将来の生き方を描くために意思決定して実践したりすることに、自主的、実践的に取り組むことを通して、第1の目標に掲げる資質・能力を育成することを目指す。

2　内　容

1の資質・能力を育成するため、全ての学年において、次の各活動を通して、それぞれの活動の意義及び活動を行う上で必要となることについて理解し、主体的に考えて実践できるよう指導する。

(1) 学級や学校における生活づくりへの参画

ア　学級や学校における生活上の諸問題の解決

学級や学校における生活をよりよくするための課題を見いだし、解決するために話し合い、合意形成を図り、実践すること。

イ　学級内の組織づくりや役割の自覚

学級生活の充実や向上のため、児童が主体的に組織をつくり、役割を自覚しながら仕事を分担して、協力し合い実践すること。

ウ　学校における多様な集団の生活の向上

児童会など学級の枠を超えた多様な集団における活動や学校行事を通して学校生活の向上を図るため、学級としての提案や取組を話し合って決めること。

(2) 日常の生活や学習への適応と自己の成長及び健康安全

ア　基本的な生活習慣の形成

身の回りの整理や挨拶などの基本的な生活習慣を身に付け、節度ある生活にすること。

イ　よりよい人間関係の形成

学級や学校の生活において互いのよさを見付け、違いを尊重し合い、仲よくしたり信頼し合ったりして生活すること。

ウ　心身ともに健康で安全な生活態度の形成

現在及び生涯にわたって心身の健康を保持増進することや、事件や事故、災害等から身を守り安全に行動すること。

エ　食育の観点を踏まえた学校給食と望ましい食習慣の形成

給食の時間を中心としながら、健康によい食事のとり方など、望ましい食習慣の形成を図るとともに、食事を通して人間関係をよりよくすること。

(3) 一人一人のキャリア形成と自己実現

ア　現在や将来に希望や目標をもって生きる意欲や態度の形成

学級や学校での生活づくりに主体的に関わり、自己を生かそうとするとともに、希望や目標をもち、その実現に向けて日常の生活をよりよくしようとすること。

イ　社会参画意識の醸成や働くことの意義の理解

清掃などの当番活動や係活動等の自己の役割を自覚して協働することの意義を理解し、社会の一員として役割を果たすために必要となることについて主体的に考えて行動すること。

ウ　主体的な学習態度の形成と学校図書館等の活用

学ぶことの意義や現在及び将来の学習と自己実現とのつながりを考えたり、自主的に学習する場としての学校図書館等を活用したりしながら、学習の見通しを立て、振り返ること。

3　内容の取扱い

(1) 指導に当たっては、各学年段階で特に次の事項に配慮すること。

〔第1学年及び第2学年〕

話合いの進め方に沿って、自分の意見を発表したり、他者の意見をよく聞いたりして、合意形成して実践することのよさを理解すること。基本的な生活習慣や、約束やきまりを守ることの大切さを理解して行動し、生活をよくするための目標を決めて実行すること。

〔第3学年及び第4学年〕

理由を明確にして考えを伝えたり、自分と異なる意見も受け入れたりしながら、集団としての目標や活動内容について合意形成を図り、実践すること。自分のよさや役割を自覚し、よく考えて行動するなど節度ある生活を送ること。

〔第5学年及び第6学年〕

相手の思いを受け止めて聞いたり、相手の立場や考え方を理解したりして、多様な意見のよさを積極的に生かして合意形成を図り、実践すること。高い目標をもって粘り強く努力し、自他のよさを伸ばし合うようにすること。

⑵ 2の⑶の指導に当たっては、学校、家庭及び地域における学習や生活の見通しを立て、学んだことを振り返りながら、新たな学習や生活への意欲につなげたり、将来の生き方を考えたりする活動を行うこと。その際、児童が活動を記録し蓄積する教材等を活用すること。

〔児童会活動〕

1 目 標

異年齢の児童同士で協力し、学校生活の充実と向上を図るための諸問題の解決に向けて、計画を立て役割を分担し、協力して運営することに自主的、実践的に取り組むことを通して、第1の目標に掲げる資質・能力を育成することを目指す。

2 内 容

1の資質・能力を育成するため、学校の全児童をもって組織する児童会において、次の各活動を通して、それぞれの活動の意義及び活動を行う上で必要となることについて理解し、主体的に考えて実践できるよう指導する。

⑴ 児童会の組織づくりと児童会活動の計画や運営

児童が主体的に組織をつくり、役割を分担し、計画を立て、学校生活の課題を見いだし解決するために話し合い、合意形成を図り実践すること。

⑵ 異年齢集団による交流

児童会が計画や運営を行う集会等の活動において、学年や学級が異なる児童と共に楽しく触れ合い、交流を図ること。

⑶ 学校行事への協力

学校行事の特質に応じて、児童会の組織を活用して、計画の一部を担当したり、運営に協力したりすること。

3 内容の取扱い

⑴ 児童会の計画や運営は、主として高学年の児童が行うこと。その際、学校の全児童が主体的に活動に参加できるものとなるよう配慮すること。

〔クラブ活動〕

1 目 標

異年齢の児童同士で協力し、共通の興味・関心を追求する集団活動の計画を立てて運営することに自主的、実践的に取り組むことを通して、個性の伸長を図りながら、第1の目標に掲げる資質・能力を育成することを目指す。

2 内 容

1の資質・能力を育成するため、主として第4学年以上の同好の児童をもって組織するクラブにおいて、次の各活動を通して、それぞれの活動の意義及び活動を行う上で必要となることについて理解し、主体的に考えて実践できるよう指導する。

⑴ クラブの組織づくりとクラブ活動の計画や運営

児童が活動計画を立て、役割を分担し、協力して運営に当たること。

⑵ クラブを楽しむ活動

異なる学年の児童と協力し、創意工夫を生かしながら共通の興味・関心を追求すること。

(3) クラブの成果の発表

活動の成果について、クラブの成員の発意・発想を生かし、協力して全校の児童や地域の人々に発表すること。

〔学校行事〕

1　目　標

全校又は学年の児童で協力し、よりよい学校生活を築くための体験的な活動を通して、集団への所属感や連帯感を深め、公共の精神を養いながら、第１の目標に掲げる資質・能力を育成することを目指す。

2　内　容

１の資質・能力を育成するため、全ての学年において、全校又は学年を単位として、次の各行事において、学校生活に秩序と変化を与え、学校生活の充実と発展に資する体験的な活動を行うことを通して、それぞれの学校行事の意義及び活動を行う上で必要となることについて理解し、主体的に考えて実践できるよう指導する。

(1) 儀式的行事

学校生活に有意義な変化や折り目を付け、厳粛で清新な気分を味わい、新しい生活の展開への動機付けとなるようにすること。

(2) 文化的行事

平素の学習活動の成果を発表し、自己の向上の意欲を一層高めたり、文化や芸術に親しんだりするようにすること。

(3) 健康安全・体育的行事

心身の健全な発達や健康の保持増進、事件や事故、災害等から身を守る安全な行動や規律ある集団行動の体得、運動に親しむ態度の育成、責任感や連帯感の涵養、体力の向上などに資するようにすること。

(4) 遠足・集団宿泊的行事

自然の中での集団宿泊活動などの平素と異なる生活環境にあって、見聞を広め、自然や文化などに親しむとともに、よりよい人間関係を築くなどの集団生活の在り方や公衆道徳などについての体験を積むことができるようにすること。

(5) 勤労生産・奉仕的行事

勤労の尊さや生産の喜びを体得するとともに、ボランティア活動などの社会奉仕の精神を養う体験が得られるようにすること。

3　内容の取扱い

(1) 児童や学校、地域の実態に応じて、２に示す行事の種類ごとに、行事及びその内容を重点化するとともに、各行事の趣旨を生かした上で、行事間の関連や統合を図るなど精選して実施すること。また、実施に当たっては、自然体験や社会体験などの体験活動を充実するとともに、体験活動を通して気付いたことなどを振り返り、まとめたり、発表し合ったりするなどの事後の活動を充実すること。

第３　指導計画の作成と内容の取扱い

1　指導計画の作成に当たっては、次の

事項に配慮するものとする。

(1) 特別活動の各活動及び学校行事を見通して、その中で育む資質・能力の育成に向けて、児童の主体的・対話的で深い学びの実現を図るようにすること。その際、よりよい人間関係の形成、よりよい集団生活の構築や社会への参画及び自己実現に資するよう、児童が集団や社会の形成者としての見方・考え方を働かせ、様々な集団活動に自主的、実践的に取り組む中で、互いのよさや個性、多様な考えを認め合い、等しく合意形成に関わり役割を担うようにすることを重視すること。

(2) 各学校においては特別活動の全体計画や各活動及び学校行事の年間指導計画を作成すること。その際、学校の創意工夫を生かし、学級や学校、地域の実態、児童の発達の段階などを考慮するとともに、第2に示す内容相互及び各教科、道徳科、外国語活動、総合的な学習の時間などの指導との関連を図り、児童による自主的、実践的な活動が助長されるようにすること。また、家庭や地域の人々との連携、社会教育施設等の活用などを工夫すること。

(3) 学級活動における児童の自発的、自治的な活動を中心として、各活動と学校行事を相互に関連付けながら、個々の児童についての理解を深め、教師と児童、児童相互の信頼関係を育み、学級経営の充実を図ること。その際、特に、いじめの未然防止等を含めた生徒指導との関連を図るようにすること。

(4) 低学年においては、第1章総則の第2の4の(1)を踏まえ、他教科等との関連を積極的に図り、指導の効果を高めるようにするとともに、幼稚園教育要領等に示す幼児期の終わりまでに育ってほしい姿との関連を考慮すること。特に、小学校入学当初においては、生活科を中心とした関連的な指導や、弾力的な時間割の設定を行うなどの工夫をすること。

(5) 障害のある児童などについては、学習活動を行う場合に生じる困難さに応じた指導内容や指導方法の工夫を計画的、組織的に行うこと。

(6) 第1章総則の第1の2の(2)に示す道徳教育の目標に基づき、道徳科などとの関連を考慮しながら、第3章特別の教科道徳の第2に示す内容について、特別活動の特質に応じて適切な指導をすること。

2　第2の内容の取扱いについては、次の事項に配慮するものとする。

(1) 学級活動、児童会活動及びクラブ活動の指導については、指導内容の特質に応じて、教師の適切な指導の下に、児童の自発的、自治的な活動が効果的に展開されるようにすること。その際、よりよい生活を築くために自分たちできまりをつくって守る活動などを充実するよう工夫すること。

(2) 児童及び学校の実態並びに第1章総則の第6の2に示す道徳教育の重点などを踏まえ、各学年において取り上げる指導内容の重点化を図るとともに、必要に応じて、内容間の関連や統合を図ったり、他の内容を加えたりすることができること。

(3) 学校生活への適応や人間関係の形成などについては、主に集団の場面で必要な指導や援助を行うガイダンスと、個々の児童の多様な実態を踏まえ、一人一人が抱える課題に個別に対応した指導を行うカウンセリング（教育相談を含む。）の双方の趣旨を踏まえて指導を行うこと。特に入学当初や各学年のはじめにおいては、個々の児童が学校生活に適応するとともに、希望や目標をもって生活できるよう工夫すること。あわせて、児童の家庭との連絡を密にすること。
(4) 異年齢集団による交流を重視するとともに、幼児、高齢者、障害のある人々などとの交流や対話、障害のある幼児児童生徒との交流及び共同学習の機会を通して、協働することや、他者の役に立ったり社会に貢献したりすることの喜びを得られる活動を充実すること。

3　入学式や卒業式などにおいては、その意義を踏まえ、国旗を掲揚するとともに、国歌を斉唱するよう指導するものとする。

中学校学習指導要領
（平成29年3月）

第5章　特別活動

第1　目　標

集団や社会の形成者としての見方・考え方を働かせ、様々な集団活動に自主的、実践的に取り組み、互いのよさや可能性を発揮しながら集団や自己の生活上の課題を解決することを通して、次のとおり資質・能力を育成することを目指す。
(1) 多様な他者と協働する様々な集団活動の意義や活動を行う上で必要となることについて理解し、行動の仕方を身に付けるようにする。
(2) 集団や自己の生活、人間関係の課題を見いだし、解決するために話し合い、合意形成を図ったり、意思決定したりすることができるようにする。
(3) 自主的、実践的な集団活動を通して身に付けたことを生かして、集団や社会における生活及び人間関係をよりよく形成するとともに、人間としての生き方についての考えを深め、自己実現を図ろうとする態度を養う。

第2　各活動・学校行事の目標及び内容

〔学級活動〕

1　目　標

学級や学校での生活をよりよくするための課題を見いだし、解決するために話し合い、合意形成し、役割を分担して協力して実践したり、学級での話合いを生かして自己の課題の解決及び将来の生き方を描くために意思決定して実践したりすることに、自主的、実践的に取り組むことを通して、第1の目標に掲げる資質・能力を育成することを目指す。

2　内　容

1の資質・能力を育成するため、全ての学年において、次の各活動を通して、それぞれの活動の意義及び活動を行う上で必要となることについて理解し、主体的に考えて実践できるよう指導する。

(1) 学級や学校における生活づくりへの参画

ア　学級や学校における生活上の諸問題の解決

学級や学校における生活をよりよくするための課題を見いだし、解決するために話し合い、合意形成を図り、実践すること。

イ　学級内の組織づくりや役割の自覚

学級生活の充実や向上のため、生徒が主体的に組織をつくり、役割を自覚しながら仕事を分担して、協力し合い実践すること。

ウ　学校における多様な集団の生活の向上

生徒会など学級の枠を超えた多様な集団における活動や学校行事を通して学校生活の向上を図るため、学級としての提案や取組を話し合って決めること。

(2) 日常の生活や学習への適応と自己の成長及び健康安全

ア　自他の個性の理解と尊重、よりよい人間関係の形成

自他の個性を理解して尊重し、互いのよさや可能性を発揮しながらよりよい集団生活をつくること。

イ　男女相互の理解と協力

男女相互について理解するとともに、共に協力し尊重し合い、充実した生活づくりに参画すること。

ウ　思春期の不安や悩みの解決、性的な発達への対応

心や体に関する正しい理解を基に、適切な行動をとり、悩みや不安に向き合い乗り越えようとすること。

エ　心身ともに健康で安全な生活態度や習慣の形成

節度ある生活を送るなど現在及び生涯にわたって心身の健康を保持増進することや、事件や事故、災害等から身を守り安全に行動すること。

オ　食育の観点を踏まえた学校給食と望ましい食習慣の形成

給食の時間を中心としながら、成長や健康管理を意識するなど、望ましい食習慣の形成を図るとともに、食事を通して人間関係をよりよくすること。

(3) 一人一人のキャリア形成と自己実現

ア　社会生活、職業生活との接続を踏まえた主体的な学習態度の形成と学校図書館等の活用

現在及び将来の学習と自己実現とのつながりを考えたり、自主的に学習する場としての学校図書館等を活用したりしながら、学ぶことと働くことの意義を意識して学習の見通しを立て、振り返ること。

イ　社会参画意識の醸成や勤労観・職業観の形成

社会の一員としての自覚や責任をもち、社会生活を営む上で必要なマナーやルール、働くことや社会に貢献することについて考えて行動すること。

ウ　主体的な進路の選択と将来設計

目標をもって、生き方や進路に関する適切な情報を収集・整理し、自己の個性や興味・関心と照らして考

えること。

3 内容の取扱い

(1) 2の (1) の指導に当たっては、集団としての意見をまとめる話合い活動など小学校からの積み重ねや経験を生かし、それらを発展させることができるよう工夫すること。

(2) 2の(3)の指導に当たっては、学校、家庭及び地域における学習や生活の見通しを立て、学んだことを振り返りながら、新たな学習や生活への意欲につなげたり、将来の生き方を考えたりする活動を行うこと。その際、生徒が活動を記録し蓄積する教材等を活用すること。

〔生徒会活動〕

1 目 標

異年齢の生徒同士で協力し、学校生活の充実と向上を図るための諸問題の解決に向けて、計画を立て役割を分担し、協力して運営することに自主的、実践的に取り組むことを通して、第1の目標に掲げる資質・能力を育成することを目指す。

2 内 容

1の資質・能力を育成するため、学校の全生徒をもって組織する生徒会において、次の各活動を通して、それぞれの活動の意義及び活動を行う上で必要となることについて理解し、主体的に考えて実践できるよう指導する。

(1) 生徒会の組織づくりと生徒会活動の計画や運営

生徒が主体的に組織をつくり、役割を分担し、計画を立て、学校生活の課題を見いだし解決するために話し合い、合意形成を図り実践すること。

(2) 学校行事への協力

学校行事の特質に応じて、生徒会の組織を活用して、計画の一部を担当したり、運営に主体的に協力したりすること。

(3) ボランティア活動などの社会参画

地域や社会の課題を見いだし、具体的な対策を考え、実践し、地域や社会に参画できるようにすること。

〔学校行事〕

1 目 標

全校又は学年の生徒で協力し、よりよい学校生活を築くための体験的な活動を通して、集団への所属感や連帯感を深め、公共の精神を養いながら、第1の目標に掲げる資質・能力を育成することを目指す。

2 内 容

1の資質・能力を育成するため、全ての学年において、全校又は学年を単位として、次の各行事において、学校生活に秩序と変化を与え、学校生活の充実と発展に資する体験的な活動を行うことを通して、それぞれの学校行事の意義及び活動を行う上で必要となることについて理解し、主体的に考えて実践できるよう指導する。

(1) 儀式的行事

学校生活に有意義な変化や折り目を付け、厳粛で清新な気分を味わい、新しい生活の展開への動機付けとなるようにすること。

⑵ 文化的行事

平素の学習活動の成果を発表し、自己の向上の意欲を一層高めたり、文化や芸術に親しんだりするようにすること。

⑶ 健康安全・体育的行事

心身の健全な発達や健康の保持増進、事件や事故、災害等から身を守る安全な行動や規律ある集団行動の体得、運動に親しむ態度の育成、責任感や連帯感の涵養、体力の向上などに資するようにすること。

⑷ 旅行・集団宿泊的行事

平素と異なる生活環境にあって、見聞を広め、自然や文化などに親しむとともに、よりよい人間関係を築くなどの集団生活の在り方や公衆道徳などについての体験を積むことができるようにすること。

⑸ 勤労生産・奉仕的行事

勤労の尊さや生産の喜びを体得し、職場体験活動などの勤労観・職業観に関わる啓発的な体験が得られるようにするとともに、共に助け合って生きることの喜びを体得し、ボランティア活動などの社会奉仕の精神を養う体験が得られるようにすること。

3 内容の取扱い

⑴ 生徒や学校、地域の実態に応じて、2に示す行事の種類ごとに、 行事及びその内容を重点化するとともに、各行事の趣旨を生かした上で、行事間の関連や統合を図るなど精選して実施すること。また、実施に当たっては、自然体験や社会体験などの体験活動を充実するとともに、体験活動を通して気付いたことなどを振り返り、まとめたり、発表し合ったりするなどの事後の活動を充実すること。

第3 指導計画の作成と内容の取扱い

1 指導計画の作成に当たっては、次の事項に配慮するものとする。

⑴ 特別活動の各活動及び学校行事を見通して、その中で育む資質・能力の育成に向けて、生徒の主体的・対話的で深い学びの実現を図るようにすること。その際、よりよい人間関係の形成、よりよい集団生活の構築や社会への参画及び自己実現に資するよう、生徒が集団や社会の形成者としての見方・考え方を働かせ、様々な集団活動に自主的、実践的に取り組む中で、互いのよさや個性、多様な考えを認め合い、等しく合意形成に関わり役割を担うようにすることを重視すること。

⑵ 各学校においては特別活動の全体計画や各活動及び学校行事の年間指導計画を作成すること。その際、学校の創意工夫を生かし、学級や学校、地域の実態、生徒の発達の段階などを考慮するとともに、第2に示す内容相互及び各教科、道徳科、総合的な学習の時間などの指導との関連を図り、生徒による自主的、実践的な活動が助長されるようにすること。また、家庭や地域の人々との連携、社会教育施設等の活用などを工夫すること。

⑶ 学級活動における生徒の自発的、自治的な活動を中心として、各活動と学校行事を相互に関連付けながら、個々の生徒についての理解を深め、教師と生徒、生徒相互の信頼関係を育み、学級経営の

充実を図ること。その際、特に、いじめの未然防止等を含めた生徒指導との関連を図るようにすること。

(4) 障害のある生徒などについては、学習活動を行う場合に生じる困難さに応じた指導内容や指導方法の工夫を計画的、組織的に行うこと。

(5) 第1章総則の第1の2の(2)に示す道徳教育の目標に基づき、道徳科などとの関連を考慮しながら、第3章特別の教科道徳の第2に示す内容について、特別活動の特質に応じて適切な指導をすること。

2　第2の内容の取扱いについては、次の事項に配慮するものとする。

(1) 学級活動及び生徒会活動の指導については、指導内容の特質に応じて、教師の適切な指導の下に、生徒の自発的、自治的な活動が効果的に展開されるようにすること。その際、よりよい生活を築くために自分たちできまりをつくって守る活動などを充実するよう工夫すること。

(2) 生徒及び学校の実態並びに第1章総則の第6の2に示す道徳教育の重点などを踏まえ、各学年において取り上げる指導内容の重点化を図るとともに、必要に応じて、内容間の関連や統合を図ったり、他の内容を加えたりすることができること。

(3) 学校生活への適応や人間関係の形成、進路の選択などについては、主に集団の場面で必要な指導や援助を行うガイダンスと、個々の生徒の多様な実態を踏まえ、一人一人が抱える課題に個別に対応した指導を行うカウンセリング（教育相談を含む。）の双方の趣旨を踏まえて指導を行うこと。特に入学当初においては、個々の生徒が学校生活に適応するとともに、希望や目標をもって生活をできるよう工夫すること。あわせて、生徒の家庭との連絡を密にすること。

(4) 異年齢集団による交流を重視するとともに、幼児、高齢者、障害のある人々などとの交流や対話、障害のある幼児児童生徒との交流及び共同学習の機会を通して、協働することや、他者の役に立ったり社会に貢献したりすることの喜びを得られる活動を充実すること。

3　入学式や卒業式などにおいては、その意義を踏まえ、国旗を掲揚するとともに、国歌を斉唱するよう指導するものとする。

高等学校学習指導要領
（平成30年3月）

第5章　特別活動

第1　目標

集団や社会の形成者としての見方・考え方を働かせ、様々な集団活動に自主的、実践的に取り組み、互いのよさや可能性を発揮しながら集団や自己の生活上の課題を解決することを通して、次のとおり資質・能力を育成することを目指す。

(1) 多様な他者と協働する様々な集団活動の意義や活動を行う上で必要となることについて理解し、行動の仕方を身に付けるようにする。

(2) 集団や自己の生活、人間関係の課題を見いだし、解決するために話し合い、合意形成を図ったり、意思決定したりすることができるようにする。
(3) 自主的、実践的な集団活動を通して身に付けたことを生かして、主体的に集団や社会に参画し、生活及び人間関係をよりよく形成するとともに、人間としての在り方生き方についての自覚を深め、自己実現を図ろうとする態度を養う。

第２　各活動・学校行事の目標及び内容

〔ホームルーム活動〕

１　目標

ホームルームや学校での生活をよりよくするための課題を見いだし、解決するために話し合い、合意形成し、役割を分担して協力して実践したり、ホームルームでの話合いを生かして自己の課題の解決及び将来の生き方を描くために意思決定して実践したりすることに、自主的、実践的に取り組むことを通して、第１の目標に掲げる資質・能力を育成することを目指す。

２ 内容

１の資質・能力を育成するため、全ての学年において、次の各活動を通して、それぞれの活動の意義及び活動を行う上で必要となることについて理解し、主体的に考えて実践できるよう指導する。

(1) ホームルームや学校における生活づくりへの参画

ア　ホームルームや学校における生活上の諸問題の解決

ホームルームや学校における生活を向上・充実させるための課題を見いだし、解決するために話し合い、合意形成を図り、実践すること。

イ　ホームルーム内の組織づくりや役割の自覚

ホームルーム生活の充実や向上のため、生徒が主体的に組織をつくり、役割を自覚しながら仕事を分担して、協力し合い実践すること。

ウ　学校における多様な集団の生活の向上

生徒会などホームルームの枠を超えた多様な集団における活動や学校行事を通して学校生活の向上を図るため、ホームルームとしての提案や取組を話し合って決めること。

(2) 日常の生活や学習への適応と自己の成長及び健康安全

ア　自他の個性の理解と尊重、よりよい人間関係の形成

自他の個性を理解して尊重し、互いのよさや可能性を発揮し、コミュニケーションを図りながらよりよい集団生活をつくること。

イ　男女相互の理解と協力

男女相互について理解するとともに、共に協力し尊重し合い、充実した生活づくりに参画すること。

ウ　国際理解と国際交流の推進

我が国と他国の文化や生活習慣などについて理解し、よりよい交流の在り方を考えるなど、共に尊重し合い、主体的に国際社会に生きる日本人としての在り方生き方を探求しよ

うとすること。

エ　青年期の悩みや課題とその解決
　心や体に関する正しい理解を基に、適切な行動をとり、悩みや不安に向き合い乗り越えようとすること。

オ　生命の尊重と心身ともに健康で安全な生活態度や規律ある習慣の確立
　節度ある健全な生活を送るなど現在及び生涯にわたって心身の健康を保持増進することや、事件や事故、災害等から身を守り安全に行動すること。

(3)　一人一人のキャリア形成と自己実現

ア　学校生活と社会的・職業的自立の意義の理解
　現在及び将来の生活や学習と自己実現とのつながりを考えたり、社会的・職業的自立の意義を意識したりしながら、学習の見通しを立て、振り返ること。

イ　主体的な学習態度の確立と学校図書館等の活用
　自主的に学習する場としての学校図書館等を活用し、自分にふさわしい学習方法や学習習慣を身に付けること。

ウ　社会参画意識の醸成や勤労観・職業観の形成
　社会の一員としての自覚や責任をもち、社会生活を営む上で必要なマナーやルール、働くことや社会に貢献することについて考えて行動すること。

エ　主体的な進路の選択決定と将来設計
　適性やキャリア形成などを踏まえた教科・科目を選択することなどについて、目標をもって、在り方生き方や進路に関する適切な情報を収集・整理し、自己の個性や興味・関心と照らして考えること。

３　内容の取扱い

(1)　内容の(1)の指導に当たっては、集団としての意見をまとめる話合い活動など中学校の積み重ねや経験を生かし、それらを発展させることができるよう工夫すること。

(2)　内容の(3)の指導に当たっては、学校、家庭及び地域における学習や生活の見通しを立て、学んだことを振り返りながら、新たな学習や生活への意欲につなげたり、将来の在り方生き方を考えたりする活動を行うこと。その際、生徒が活動を記録し蓄積する教材等を活用すること。

〔生徒会活動〕

１　目標

　異年齢の生徒同士で協力し、学校生活の充実と向上を図るための諸問題の解決に向けて、計画を立て役割を分担し、協力して運営することに自主的、実践的に取り組むことを通して、第１の目標に掲げる資質・能力を育成することを目指す。

２　内容

　１の資質・能力を育成するため、学校の全生徒をもって組織する生徒会において、次の各活動を通して、それぞれの活動の意義及び活動を行う上で必要となることについて理解し、主体的に考えて実践できるよう指導する。

(1) 生徒会の組織づくりと生徒会活動の計画や運営

生徒が主体的に組織をつくり、役割を分担し、計画を立て、学校生活の課題を見いだし解決するために話し合い、合意形成を図り実践すること。

(2) 学校行事への協力

学校行事の特質に応じて、生徒会の組織を活用して、計画の一部を担当したり、運営に主体的に協力したりすること。

(3) ボランティア活動などの社会参画

地域や社会の課題を見いだし、具体的な対策を考え、実践し、地域や社会に参画できるようにすること。

〔学校行事〕

1　目標

全校若しくは学年又はそれらに準ずる集団で協力し、よりよい学校生活を築くための体験的な活動を通して、集団への所属感や連帯感を深め、公共の精神を養いながら、第1の目標に掲げる資質・能力を育成することを目指す。

2　内容

1の資質・能力を育成するため、全校若しくは学年又はそれらに準ずる集団を単位として、次の各行事において、学校生活に秩序と変化を与え、学校生活の充実と発展に資する体験的な活動を行うことを通して、それぞれの学校行事の意義及び活動を行う上で必要となることについて理解し、主体的に考えて実践できるよう指導する。

(1) 儀式的行事

学校生活に有意義な変化や折り目を付け、厳粛で清新な気分を味わい、新しい生活の展開への動機付けとなるようにすること。

(2) 文化的行事

平素の学習活動の成果を発表し、自己の向上の意欲を一層高めたり、文化や芸術に親しんだりするようにすること。

(3) 健康安全・体育的行事

心身の健全な発達や健康の保持増進、事件や事故、災害等から身を守る安全な行動や規律ある集団行動の体得、運動に親しむ態度の育成、責任感や連帯感の涵養、体力の向上などに資するようにすること。

(4) 旅行・集団宿泊的行事

平素と異なる生活環境にあって、見聞を広め、自然や文化などに親しむとともに、よりよい人間関係を築くなどの集団生活の在り方や公衆道徳などについての体験を積むことができるようにすること。

(5) 勤労生産・奉仕的行事

勤労の尊さや創造することの喜びを体得し、就業体験活動などの勤労観・職業観の形成や進路の選択決定などに資する体験が得られるようにするとともに、共に助け合って生きることの喜びを体得し、ボランティア活動などの社会奉仕の精神を養う体験が得られるようにすること。

3　内容の取扱い

(1) 生徒や学校、地域の実態に応じて、内容に示す行事の種類ごとに、行事及びその内容を重点化するとともに、各行事の趣旨を生かした上で、行事間の関連や統合を図るなど精選して実施すること。また、実施に当たっては、自然体験や社会体験などの体験活動を充実するとともに、体験活動を通して気付いたことなどを振り返り、まとめたり、発表し合ったりするなどの事後の活動を充実すること。

第３　指導計画の作成と内容の取扱い

１　指導計画の作成に当たっては、次の事項に配慮するものとする。

(1) 特別活動の各活動及び学校行事を見通して、その中で育む資質・能力の育成に向けて、生徒の主体的・対話的で深い学びの実現を図るようにすること。その際、よりよい人間関係の形成、よりよい集団生活の構築や社会への参画及び自己実現に資するよう、生徒が集団や社会の形成者としての見方・考え方を働かせ、様々な集団活動に自主的、実践的に取り組む中で、互いのよさや個性、多様な考えを認め合い、等しく合意形成に関わり役割を担うようにすることを重視すること。

(2) 各学校においては、次の事項を踏まえて特別活動の全体計画や各活動及び学校行事の年間指導計画を作成すること。

ア　学校の創意工夫を生かし、ホームルームや学校、地域の実態、生徒の発達の段階などを考慮すること。

イ　第２に示す内容相互及び各教科・科目、総合的な探究の時間などの指導との関連を図り、生徒による自主的、実践的な活動が助長されるようにすること。特に社会において自立的に生きることができるようにするため、社会の一員としての自己の生き方を探求するなど、人間としての在り方生き方の指導が行われるようにすること。

ウ　家庭や地域の人々との連携、社会教育施設等の活用などを工夫すること。その際、ボランティア活動などの社会奉仕の精神を養う体験的な活動や就業体験活動などの勤労に関わる体験的な活動の機会をできるだけ取り入れること。

(3) ホームルーム活動における生徒の自発的、自治的な活動を中心として、各活動と学校行事を相互に関連付けながら、個々の生徒についての理解を深め、教師と生徒、生徒相互の信頼関係を育み、ホームルーム経営の充実を図ること。その際、特に、いじめの未然防止等を含めた生徒指導との関連を図るようにすること。

(4) 障害のある生徒などについては、学習活動を行う場合に生じる困難さに応じた指導内容や指導方法の工夫を計画的、組織的に行うこと。

(5) 第１章第１款の２の(2)に示す道徳教育の目標に基づき、特別活動の特質に応じて適切な指導をすること。

(6) ホームルーム活動については、主としてホームルームごとにホームルーム担任の教師が指導することを原則とし、活動の内容によっては他の教師などの協力を得ること。

2　内容の取扱いに当たっては、次の事項に配慮するものとする。

(1) ホームルーム活動及び生徒会活動の指導については、指導内容の特質に応じて、教師の適切な指導の下に、生徒の自発的、自治的な活動が効果的に展開されるようにすること。その際、よりよい生活を築くために自分たちできまりをつくって守る活動などを充実するよう工夫すること。

(2) 生徒及び学校の実態並びに第１章第７款の１に示す道徳教育の重点などを踏まえ、各学年において取り上げる指導内容の重点化を図るとともに、必要に応じて、内容間の関連や統合を図ったり、他の内容を加えたりすることができること。

(3) 学校生活への適応や人間関係の形成、教科・科目や進路の選択などについては、主に集団の場面で必要な指導や援助を行うガイダンスと、個々の生徒の多様な実態を踏まえ、一人一人が抱える課題に個別に対応した指導を行うカウンセリング（教育相談を含む。）の双方の趣旨を踏まえて指導を行うこと。特に入学当初においては、個々の生徒が学校生活に適応するとともに、希望や目標をもって生活をできるよう工夫すること。あわせて、生徒の家庭との連絡を密にすること。

(4) 異年齢集団による交流を重視するとともに、幼児、高齢者、障害のある人々などとの交流や対話、障害のある幼児児童生徒との交流及び共同学習の機会を通して、協働することや、他者の役に立ったり社会に貢献したりすることの喜びを得られる活動を充実すること。

(5) 特別活動の一環として学校給食を実施する場合には、食育の観点を踏まえた適切な指導を行うこと。

3　入学式や卒業式などにおいては、その意義を踏まえ、国旗を掲揚するとともに、国歌を斉唱するよう指導するものとする。

附則

この告示は、平成34年4月1日から施行する。ただし、改正後の高等学校学習指導要領は、同日以降高等学校の第１学年に入学した生徒（単位制による課程にあっては、同日以降入学した生徒（学校教育法施行規則第91条の規定により入学した生徒で同日前に入学した生徒に係る教育課程により履修するものを除く。））に係る教育課程及び全課程の修了の認定から適用する。

小学校学習指導要領比較対照表【特別活動】

現行（平成29年告示）	旧（平成20年告示・道徳改訂反映後）
第６章　特別活動	第６章　特別活動
第１　目標 集団や社会の形成者としての見方・考え方を働かせ、様々な集団活動に自主的、実践的に取り組み、互いのよさや可能性を発揮しながら集団や自己の生活上の課題を解決することを通して、次のとおり資質・能力を育成することを目指す。 (1) 多様な他者と協働する様々な集団活動の意義や活動を行う上で必要となることについて理解し、行動の仕方を身に付けるようにする。 (2) 集団や自己の生活、人間関係の課題を見いだし、解決するために話し合い、合意形成を図ったり、意思決定したりすることができるようにする。 (3) 自主的、実践的な集団活動を通して身に付けたことを生かして、集団や社会における生活及び人間関係をよりよく形成するとともに、自己の生き方についての考えを深め、自己実現を図ろうとする態度を養う。	第１　目標 望ましい集団活動を通して、心身の調和のとれた発達と個性の伸長を図り、集団の一員としてよりよい生活や人間関係を築こうとする自主的、実践的な態度を育てるとともに、自己の生き方についての考えを深め、自己を生かす能力を養う。
第２　各活動・学校行事の目標及び内容 〔学級活動〕 １　目標 学級や学校での生活をよりよくするための課題を見いだし、解決するために話し合い、合意形成し、役割を分担して協力して実践したり、学級での話合いを生かして自己の課題の解決及び将来の生き方を描くために意思決定して実践したりすることに、自主的、実践的に取り組むことを通して、第１の目標に掲げる資質・能力を育成することを目指す。	第２　各活動・学校行事の目標及び内容 〔学級活動〕 １　目標 学級活動を通して、望ましい人間関係を形成し、集団の一員として学級や学校におけるよりよい生活づくりに参画し、諸問題を解決しようとする自主的、実践的な態度や健全な生活態度を育てる。

現行（平成29年告示）	旧（平成20年告示・道徳改訂反映後）
2　内容 　１の資質・能力を育成するため、全ての学年において、次の各活動を通して、それぞれの活動の意義及び活動を行う上で必要となることについて理解し、主体的に考えて実践できるよう指導する。	2　内容
	〔共通事項〕
(1) 学級や学校における生活づくりへの参画	(1) 学級や学校の生活づくり
ア　学級や学校における生活上の諸問題の解決 　学級や学校における生活をよりよくするための課題を見いだし、解決するために話し合い、合意形成を図り、実践すること。	ア　学級や学校における生活上の諸問題の解決
イ　学級内の組織づくりや役割の自覚 　学級生活の充実や向上のため、児童が主体的に組織をつくり、役割を自覚しながら仕事を分担して、協力し合い実践すること。	イ　学級内の組織づくりや仕事の分担処理
ウ　学校における多様な集団の生活の向上 　児童会など学級の枠を超えた多様な集団における活動や学校行事を通して学校生活の向上を図るため、学級としての提案や取組を話し合って決めること。	ウ　学校における多様な集団の生活の向上
(2) 日常の生活や学習への適応と自己の成長及び健康安全	(2) 日常の生活や学習への適応及び健康安全
ア　基本的な生活習慣の形成 　身の回りの整理や挨拶などの基本的な生活習慣を身に付け、節度ある生活にすること。	ア　希望や目標をもって生きる態度の形成 イ　基本的な生活習慣の形成
イ　よりよい人間関係の形成 　学級や学校の生活において互いのよさを見付け、違いを尊重し合い、仲良くしたり信頼し合ったりして生活すること。	ウ　望ましい人間関係の形成 エ　清掃などの当番活動等の役割と働くことの意義の理解 オ　学校図書館の利用
ウ　心身ともに健康で安全な生活態度の形成 　現在及び生涯にわたって心身の健	カ　心身ともに健康で安全な生活態度の形成 キ　食育の観点を踏まえた学校給食と望ましい食習慣の形成

現行（平成29年告示）	旧（平成20年告示・道徳改訂反映後）
康を保持増進することや、事件や事故、災害等から身を守り安全に行動すること。 エ　食育の観点を踏まえた学校給食と望ましい食習慣の形成 　給食の時間を中心としながら、健康によい食事のとり方など、望ましい食習慣の形成を図るとともに、食事を通して人間関係をよりよくすること。	
(3) 一人一人のキャリア形成と自己実現 ア　現在や将来に希望や目標をもって生きる意欲や態度の形成 　学級や学校での生活づくりに主体的に関わり、自己を生かそうとするとともに、希望や目標をもち、その実現に向けて日常の生活をよりよくしようとすること。 イ　社会参画意識の醸成や働くことの意義の理解 　清掃などの当番活動や係活動等の自己の役割を自覚して協働することの意義を理解し、社会の一員として役割を果たすために必要となることについて主体的に考えて行動すること。 ウ　主体的な学習態度の形成と学校図書館等の活用 　学ぶことの意義や現在及び将来の学習と自己実現とのつながりを考えたり、自主的に学習する場としての学校図書館等を活用したりしながら、学習の見通しを立て、振り返ること。	（新設）
3　内容の取扱い	（新設）
(1) 指導に当たっては、各学年段階で特に次の事項に配慮すること。 〔第1学年及び第2学年〕 　話合いの進め方に沿って、自分の意見を発表したり、他者の意見をよく聞いたりして、合意形成して実践するこ	【2　内容より移行】 〔第1学年及び第2学年〕 　学級を単位として、仲良く助け合い学級生活を楽しくするとともに、日常の生活や学習に進んで取り組もうとす

現行（平成29年告示）	旧（平成20年告示・道徳改訂反映後）
とのよさを理解すること。基本的生活習慣や、約束やきまりを守ることの大切さを理解して行動し、生活をよくするための目標を決めて実行すること。	る態度の育成に資する活動を行うこと。
〔第３学年及び第４学年〕 理由を明確にして考えを伝えたり、自分と異なる意見も受け入れたりしながら、集団としての目標や活動内容について合意形成を図り、実践すること。自分のよさや役割を自覚し、よく考えて行動するなど節度ある生活を送ること。	〔第３学年及び第４学年〕 学級を単位として、協力し合って楽しい学級生活をつくるとともに、日常の生活や学習に意欲的に取り組もうとする態度の育成に資する活動を行うこと。
〔第５学年及び第６学年〕 相手の思いを受け止めて聞いたり、相手の立場や考え方を理解したりして、多様な意見のよさを積極的に生かして合意形成を図り、実践すること。高い目標をもって粘り強く努力し、自他のよさを伸ばし合うようにすること。	〔第５学年及び第６学年〕 学級を単位として、信頼し支え合って楽しく豊かな学級や学校の生活をつくるとともに、日常の生活や学習に自主的に取り組もうとする態度の向上に資する活動を行うこと。
	【第３　指導計画の作成と内容の取扱い　１ (2)】
(2)　２の (3) の指導に当たっては、学校、家庭及び地域における学習や生活の見通しを立て、学んだことを振り返りながら、新たな学習や生活への意欲につなげたり、将来の生き方を考えたりする活動を行うこと。その際、児童が活動を記録し蓄積する教材等を活用すること。	(2)〔学級活動〕などにおいて、児童が自ら現在及び将来の生き方を考えることができるよう工夫すること。
〔児童会活動〕	〔児童会活動〕
１　目標 異年齢の児童同士で協力し、学校生活の充実と向上を図るための諸問題の解決に向けて、計画を立て役割を分担し、協力して運営することに自主的、実践的に取り組むことを通して、第１の目標に掲げる資質・能力を育成することを目指す。	１　目標 児童会活動を通して、望ましい人間関係を形成し、集団の一員としてよりよい学校生活づくりに参画し、協力して諸問題を解決しようとする自主的、実践的な態度を育てる。
２　内容 １の資質・能力を育成するため、学	２　内容 学校の全児童をもって組織する児童

現行（平成29年告示）	旧（平成20年告示・道徳改訂反映後）
校の全児童をもって組織する児童会において、次の各活動を通して、それぞれの活動の意義及び活動を行う上で必要となることについて理解し、主体的に考えて実践できるよう指導する。	会において、学校生活の充実と向上を図る活動を行うこと。
(1) 児童会の組織づくりと児童会活動の計画や運営 児童が主体的に組織をつくり、役割を分担し、計画を立て、学校生活の課題を見いだし解決するために話し合い、合意形成を図り実践すること。	(1) 児童会の計画や運営
(2) 異年齢集団による交流 児童会が計画や運営を行う集会等の活動において、学年や学級が異なる児童と共に楽しく触れ合い、交流を図ること。	(2) 異年齢集団による交流
(3) 学校行事への協力 学校行事の特質に応じて、児童会の組織を活用して、計画の一部を担当したり、運営に協力したりすること。	(3) 学校行事への協力
3　内容の取扱い	(新設) 【第３　指導計画の作成と内容の取扱い　２(3)より移行】
(1) 児童会の計画や運営は、主として高学年の児童が行うこと。その際、学校の全児童が主体的に活動に参加できるものとなるよう配慮すること。	(3)〔児童会活動〕の運営は、主として高学年の児童が行うこと。
〔クラブ活動〕 １　目標 異年齢の児童同士で協力し、共通の興味・関心を追求する集団活動の計画を立てて運営することに自主的、実践的に取り組むことを通して、個性の伸長を図りながら、第１の目標に掲げる資質・能力を育成することを目指す。	〔クラブ活動〕 １　目標 クラブ活動を通して、望ましい人間関係を形成し、個性の伸長を図り、集団の一員として協力してよりよいクラブづくりに参画しようとする自主的、実践的な態度を育てる。 【参考：第３　指導計画の作成と内容の取扱い　１(3)】 (3)〔クラブ活動〕については、学校や地域の実態等を考慮しつつ児童の興味・関心を踏まえて計画し実施できるようにすること。

現行（平成29年告示）	旧（平成20年告示・道徳改訂反映後）
2　内容 　１の資質・能力を育成するため、主として第４学年以上の同好の児童をもって組織するクラブにおいて、次の各活動を通して、それぞれの活動の意義及び活動を行う上で必要となることについて理解し、主体的に考えて実践できるよう指導する。	2　内容 　学年や学級の所属を離れ、主として第４学年以上の同好の児童をもって組織するクラブにおいて、異年齢集団の交流を深め、共通の興味・関心を追求する活動を行うこと。
(1)　クラブの組織づくりとクラブ活動の計画や運営 　児童が活動計画を立て、役割を分担し、協力して運営に当たること。	(1)　クラブの計画や運営
(2)　クラブを楽しむ活動 　異なる学年の児童と協力し、創意工夫を生かしながら共通の興味・関心を追求すること。	(2)　クラブを楽しむ活動
(3)　クラブの成果の発表 　活動の成果について、クラブの成員の発意・発想を生かし、協力して全校の児童や地域の人々に発表すること。	(3)　クラブの成果の発表
〔学校行事〕	〔学校行事〕
1　目標 　全校又は学年の児童で協力し、よりよい学校生活を築くための体験的な活動を通して、集団への所属感や連帯感を深め、公共の精神を養いながら、第１の目標に掲げる資質・能力を育成することを目指す。	1　目標 　学校行事を通して、望ましい人間関係を形成し、集団への所属感や連帯感を深め、公共の精神を養い、協力してよりよい学校生活を築こうとする自主的、実践的な態度を育てる。
2　内容 　１の資質・能力を育成するため、全ての学年において、全校又は学年を単位として、次の各行事において、学校生活に秩序と変化を与え、学校生活の充実と発展に資する体験的な活動を行うことを通して、それぞれの学校行事の意義及び活動を行う上で必要となることについて理解し、主体的に考えて実践できるよう指導する。	2　内容 　全校又は学年を単位として、学校生活に秩序と変化を与え、学校生活の充実と発展に資する体験的な活動を行うこと。
(1)　儀式的行事 　学校生活に有意義な変化や折り目を	(1)　儀式的行事 　学校生活に有意義な変化や折り目を

現行（平成29年告示）	旧（平成20年告示・道徳改訂反映後）
付け、厳粛で清新な気分を味わい、新しい生活の展開への動機付けとなるようにすること。	付け、厳粛で清新な気分を味わい、新しい生活の展開への動機付けとなるような活動を行うこと。
(2) 文化的行事 平素の学習活動の成果を発表し、自己の向上の意欲を一層高めたり、文化や芸術に親しんだりするようにすること。	(2) 文化的行事 平素の学習活動の成果を発表し、その向上の意欲を一層高めたり、文化や芸術に親しんだりするような活動を行うこと。
(3) 健康安全・体育的行事 心身の健全な発達や健康の保持増進、事件や事故、災害等から身を守る安全な行動や規律ある集団行動の体得、運動に親しむ態度の育成、責任感や連帯感の涵養、体力の向上などに資するようにすること。	(3) 健康安全・体育的行事 心身の健全な発達や健康の保持増進などについての関心を高め、安全な行動や規律ある集団行動の体得、運動に親しむ態度の育成、責任感や連帯感の涵養、体力の向上などに資するような活動を行うこと。
(4) 遠足・集団宿泊的行事 自然の中での集団宿泊活動などの平素と異なる生活環境にあって、見聞を広め、自然や文化などに親しむとともに、よりよい人間関係を築くなどの集団生活の在り方や公衆道徳などについての体験を積むことができるようにすること。	(4) 遠足・集団宿泊的行事 自然の中での集団宿泊活動などの平素と異なる生活環境にあって、見聞を広め、自然や文化などに親しむとともに、人間関係などの集団生活の在り方や公衆道徳などについての望ましい体験を積むことができるような活動を行うこと。
(5) 勤労生産・奉仕的行事 勤労の尊さや生産の喜びを体得するとともに、ボランティア活動などの社会奉仕の精神を養う体験が得られるようにすること。	(5) 勤労生産・奉仕的行事 勤労の尊さや生産の喜びを体得するとともに、ボランティア活動などの社会奉仕の精神を養う体験が得られるような活動を行うこと。
3　内容の取扱い	（新設）
	【第3　指導計画の作成と内容の取扱い　2(4)より移行】
(1) 児童や学校、地域の実態に応じて、2に示す行事の種類ごとに、行事及びその内容を重点化するとともに、各行事の趣旨を生かした上で、行事間の関連や統合を図るなど精選して実施すること。また、実施に当たっては、自然体験や社会体験などの体験活動を充実するとともに、体験活動を通して気付いたことなどを振り返り、まとめたり、発表し合ったりするなどの事後の活動	(4)〔学校行事〕については、学校や地域及び児童の実態に応じて、各種類ごとに、行事及びその内容を重点化するとともに、行事間の関連や統合を図るなど精選して実施すること。また、実施に当たっては、異年齢集団による交流、幼児、高齢者、障害のある人々などとの触れ合い、自然体験や社会体験などの体験活動を充実するとともに、体験活動を通して気付いたことなどを振り

現行（平成29年告示）	旧（平成20年告示・道徳改訂反映後）
を充実すること。	返り、まとめたり、発表し合ったりするなどの活動を充実するよう工夫すること。（第3の2 (4) 再掲）
第3　指導計画の作成と内容の取扱い 1　指導計画の作成に当たっては、次の事項に配慮するものとする。	第3　指導計画の作成と内容の取扱い 1　指導計画の作成に当たっては、次の事項に配慮するものとする。
(1) 特別活動の各活動及び学校行事を見通して、その中で育む資質・能力の育成に向けて、児童の主体的・対話的で深い学びの実現を図るようにすること。その際、よりよい人間関係の形成、よりよい集団生活の構築や社会への参画及び自己実現に資するよう、児童が集団や社会の形成者としての見方・考え方を働かせ、様々な集団活動に自主的、実践的に取り組む中で、互いのよさや個性、多様な考えを認め合い、等しく合意形成に関わり役割を担うようにすることを重視すること。	(新設)
(2) 各学校においては特別活動の全体計画や各活動及び学校行事の年間指導計画を作成すること。その際、学校の創意工夫を生かし、学級や学校、地域の実態、児童の発達の段階などを考慮するとともに、第2に示す内容相互及び各教科、道徳科、外国語活動、総合的な学習の時間などの指導との関連を図り、児童による自主的、実践的な活動が助長されるようにすること。また、家庭や地域の人々との連携、社会教育施設等の活用などを工夫すること。	(1) 特別活動の全体計画や各活動・学校行事の年間指導計画の作成に当たっては、学校の創意工夫を生かすとともに、学級や学校の実態や児童の発達の段階などを考慮し、児童による自主的、実践的な活動が助長されるようにすること。また、各教科、道徳科、外国語活動及び総合的な学習の時間などの指導との関連を図るとともに、家庭や地域の人々との連携、社会教育施設等の活用などを工夫すること。 【2 (1) より移行】 (1)〔学級活動〕、〔児童会活動〕及び〔クラブ活動〕の指導については、指導内容の特質に応じて、教師の適切な指導の下に、児童の自発的、自治的な活動が効果的に展開されるようにするとともに、内容相互の関連を図るよう工夫すること。また、よりよい生活を築くために集団としての意見をまとめるなどの話合い活動や自分たちできまりをつくって守る活動、人間関係を形成す

現行（平成29年告示）	旧（平成20年告示・道徳改訂反映後）
	る力を養う活動などを充実するよう工夫すること。
(3) 学級活動における児童の自発的、自治的な活動を中心として、各活動と学校行事を相互に関連付けながら、個々の児童についての理解を深め、教師と児童、児童相互の信頼関係を育み、学級経営の充実を図ること。その際、特に、いじめの未然防止等を含めた生徒指導との関連を図るようにすること。	【2 (2) より移行】 (2)〔学級活動〕については、学級、学校及び児童の実態、学級集団の育成上の課題や発達の課題及び第3章道徳の第3の1の (3) に示す道徳教育の重点などを踏まえ、各学年段階において取り上げる指導内容の重点化を図るとともに、必要に応じて、内容間の関連や統合を図ったり、他の内容を加えたりすることができること。また、学級経営の充実を図り、個々の児童についての理解を深め、児童との信頼関係を基礎に指導を行うとともに、生徒指導との関連を図るようにすること。
(4) 低学年においては、第1章総則の第2の4の (1) を踏まえ、他教科等の関連を積極的に図り、指導の効果を高めるようにするとともに、幼稚園教育要領等に示す幼児期の終わりまでに育ってほしい姿との関連を考慮すること。特に、小学校入学当初においては、生活科を中心とした関連的な指導や、弾力的な時間割の設定を行うなどの工夫をすること。	(新設)
(5) 障害のある児童などについては、学習活動を行う場合に生じる困難さに応じた指導内容や指導方法の工夫を計画的、組織的に行うこと。	(新設)
(6) 第1章総則の第1の2の (2) に示す道徳教育の目標に基づき、道徳科などとの関連を考慮しながら、第3章特別の教科道徳の第2に示す内容について、特別活動の特質に応じて適切な指導をすること。	(4) 第1章総則の第1の2に示す道徳教育の目標に基づき、道徳科などとの関連を考慮しながら、第3章特別の教科道徳の第2に示す内容について、特別活動の特質に応じて適切な指導をすること。
2　第2の内容の取扱いについては、次の事項に配慮するものとする。	2　第2の内容の取扱いについては、次の事項に配慮するものとする。
(1) 学級活動、児童会活動及びクラブ活動の指導については、指導内容の特質	(1)〔学級活動〕、〔児童会活動〕及び〔クラブ活動〕の指導については、指導内

現行（平成29年告示）	旧（平成20年告示・道徳改訂反映後）
に応じて、教師の適切な指導の下に、児童の自発的、自治的な活動が効果的に展開されるようにすること。その際、よりよい生活を築くために自分たちできまりをつくって守る活動などを充実するよう工夫すること。	容の特質に応じて、教師の適切な指導の下に、児童の自発的、自治的な活動が効果的に展開されるようにするとともに、内容相互の関連を図るよう工夫すること。また、よりよい生活を築くために集団としての意見をまとめるなどの話合い活動や自分たちできまりをつくって守る活動、人間関係を形成する力を養う活動などを充実するよう工夫すること。
(2) 児童及び学校の実態並びに第1章総則の第6の2に示す道徳教育の重点などを踏まえ、各学年において取り上げる指導内容の重点化を図るとともに、必要に応じて、内容間の関連や統合を図ったり、他の内容を加えたりすることができること。	(2)〔学級活動〕については、学級、学校及び児童の実態、学級集団の育成上の課題や発達の課題及び第1章総則の第4の3の(2)に示す道徳教育の重点などを踏まえ、各学年段階において取り上げる指導内容の重点化を図るとともに、必要に応じて、内容間の関連や統合を図ったり、他の内容を加えたりすることができること。また、学級経営の充実を図り、個々の児童についての理解を深め、児童との信頼関係を基礎に指導を行うとともに、生徒指導との関連を図るようにすること。（再掲）
(3) 学校生活への適応や人間関係の形成などについては、主に集団の場面で必要な指導や援助を行うガイダンスと、個々の児童の多様な実態を踏まえ、一人一人が抱える課題に個別に対応した指導を行うカウンセリング（教育相談を含む。）の双方の趣旨を踏まえて指導を行うこと。特に入学当初や各学年のはじめにおいては、個々の児童が学校生活に適応するとともに、希望や目標をもって生活できるよう工夫すること。あわせて、児童の家庭との連絡を密にすること。	（新設）
(4) 異年齢集団による交流を重視するとともに、幼児、高齢者、障害のある人々などとの交流や対話、障害のある幼児児童生徒との交流及び共同学習の機会を通して、協働することや、他者の役に立ったり社会に貢献したりする	(4)〔学校行事〕については、学校や地域及び児童の実態に応じて、各種類ごとに、行事及びその内容を重点化するとともに、行事間の関連や統合を図るなど精選して実施すること。また、実施に当たっては、異年齢集団による交流、

現行（平成29年告示）	旧（平成20年告示・道徳改訂反映後）
ことの喜びを得られる活動を充実すること。	幼児、高齢者、障害のある人々などとの触れ合い、自然体験や 社会体験などの体験活動を充実するとともに、体験活動を通して気付いたことなどを振り返り、まとめたり、発表し合ったりするなどの活動を充実するよう工夫すること。(再掲)
3 入学式や卒業式などにおいては、その意義を踏まえ、国旗を掲揚するとともに、国歌を斉唱するよう指導するものとする。	3 入学式や卒業式などにおいては、その意義を踏まえ、国旗を掲揚するとともに、国歌を斉唱するよう指導するものとする。

中学校学習指導要領比較対照表【特別活動】

現行（平成29年告示）	旧（平成20年告示・道徳改訂反映後）
第５章　特別活動	第５章　特別活動
第１　目標 集団や社会の形成者としての見方・考え方を働かせ、様々な集団活動に自主的、実践的に取り組み、互いのよさや可能性を発揮しながら集団や自己の生活上の課題を解決することを通して、次のとおり資質・能力を育成することを目指す。 (1) 多様な他者と協働する様々な集団活動の意義や活動を行う上で必要となることについて理解し、行動の仕方を身に付けるようにする。 (2) 集団や自己の生活、人間関係の課題を見いだし、解決するために話し合い、合意形成を図ったり、意思決定したりすることができるようにする。 (3) 自主的、実践的な集団活動を通して身に付けたことを生かして、集団や社会における生活及び人間関係をよりよく形成するとともに、人間としての生き方についての考えを深め、自己実現を図ろうとする態度を養う。	第１　目標 望ましい集団活動を通して、心身の調和のとれた発達と個性の伸長を図り、集団の一員としてよりよい生活や人間関係を築こうとする自主的、実践的な態度を育てるとともに、人間としての生き方についての考えを深め、自己を生かす能力を養う。
第２　各活動・学校行事の目標及び内容 〔学級活動〕 １　目標 学級や学校での生活をよりよくするための課題を見いだし、解決するために話し合い、合意形成し、役割を分担して協力して実践したり、学級での話合いを生かして自己の課題の解決及び将来の生き方を描くために意思決定して実践したりすることに、自主的、実践的に取り組むことを通して、第１の目標に掲げる資質・能力を育成することを目指す。	第２　各活動・学校行事の目標及び内容 〔学級活動〕 １　目標 学級活動を通して、望ましい人間関係を形成し、集団の一員として学級や学校におけるよりよい生活づくりに参画し、諸問題を解決しようとする自主的、実践的な態度や健全な生活態度を育てる。

現行（平成29年告示）	旧（平成20年告示・道徳改訂反映後）
2　内容 　1の資質・能力を育成するため、全ての学年において、次の各活動を通して、それぞれの活動の意義及び活動を行う上で必要となることについて理解し、主体的に考えて実践できるよう指導する。	2　内容 　学級を単位として、学級や学校の生活の充実と向上、生徒が当面する諸課題への対応に資する活動を行うこと。
(1) 学級や学校における生活づくりへの参画 ア　学級や学校における生活上の諸問題の解決 　学級や学校における生活をよりよくするための課題を見いだし、解決するために話し合い、合意形成を図り、実践すること。 イ　学級内の組織づくりや役割の自覚 　学級生活の充実や向上のため、生徒が主体的に組織をつくり、役割を自覚しながら仕事を分担して、協力し合い実践すること。 ウ　学校における多様な集団の生活の向上 　生徒会など学級の枠を超えた多様な集団における活動や学校行事を通して学校生活の向上を図るため、学級としての提案や取組を話し合って決めること。	(1) 学級や学校の生活づくり ア　学級や学校における生活上の諸問題の解決 イ　学級内の組織づくりや仕事の分担処理 ウ　学校における多様な集団の生活の向上
(2) 日常の生活や学習への適応と自己の成長及び健康安全 ア　自他の個性の理解と尊重、よりよい人間関係の形成 　自他の個性を理解して尊重し、互いのよさや可能性を発揮しながらよりよい集団生活をつくること。 イ　男女相互の理解と協力 　男女相互について理解するとともに、共に協力し尊重し合い、充実した生活づくりに参画すること。 ウ　思春期の不安や悩みの解決、性的な発達への対応 　心や体に関する正しい理解を基に、適切な行動をとり、悩みや不安に向	(2) 適応と成長及び健康安全 ア　思春期の不安や悩みとその解決 イ　自己及び他者の個性の理解と尊重 ウ　社会の一員としての自覚と責任 エ　男女相互の理解と協力 オ　望ましい人間関係の確立 カ　ボランティア活動の意義の理解と参加 キ　心身ともに健康で安全な生活態度や習慣の形成 ク　性的な発達への適応 ケ　食育の観点を踏まえた学校給食と望ましい食習慣の形成

現行（平成29年告示）	旧（平成20年告示・道徳改訂反映後）
き合い乗り越えようとすること。 エ　心身ともに健康で安全な生活態度や習慣の形成 　節度ある生活を送るなど現在及び生涯にわたって心身の健康を保持増進することや、事件や事故、災害等から身を守り安全に行動すること。 オ　食育の観点を踏まえた学校給食と望ましい食習慣の形成 　給食の時間を中心としながら、成長や健康管理を意識するなど、望ましい食習慣の形成を図るとともに、食事を通して人間関係をよりよくすること。	
(3)　一人一人のキャリア形成と自己実現 ア　社会生活、職業生活との接続を踏まえた主体的な学習態度の形成と学校図書館等の活用 　現在及び将来の学習と自己実現とのつながりを考えたり、自主的に学習する場としての学校図書館等を活用したりしながら、学ぶことと働くことの意義を意識して学習の見通しを立て、振り返ること。 イ　社会参画意識の醸成や勤労観・職業観の形成 　社会の一員としての自覚や責任を持ち、社会生活を営む上で必要なマナーやルール、働くことや社会に貢献することについて考えて行動すること。 ウ　主体的な進路の選択と将来設計 　目標をもって、生き方や進路に関する適切な情報を収集・整理し、自己の個性や興味・関心と照らして考えること。	(3)　学業と進路 ア　学ぶことと働くことの意義の理解 イ　自主的な学習態度の形成と学校図書館の利用 ウ　進路適性の吟味と進路情報の活用 エ　望ましい勤労観・職業観の形成 オ　主体的な進路の選択と将来設計
3　内容の取扱い (1)　2の（1）の指導に当たっては、集団としての意見をまとめる話合い活動など小学校からの積み重ねや経験を生かし、それらを発展させることができる	(新設)

現行（平成29年告示）	旧（平成20年告示・道徳改訂反映後）
よう工夫すること。 (2)　2の(3)の指導に当たっては、学校、家庭及び地域における学習や生活の見通しを立て、学んだことを振り返りながら、新たな学習や生活への意欲につなげたり、将来の生き方を考えたりする活動を行うこと。その際、生徒が活動を記録し蓄積する教材等を活用すること。	
〔生徒会活動〕 1　目標 　異年齢の生徒同士で協力し、学校生活の充実と向上を図るための諸問題の解決に向けて、計画を立て役割を分担し、協力して運営することに自主的、実践的に取り組むことを通して、第1の目標に掲げる資質・能力を育成することを目指す。	〔生徒会活動〕 1　目標 　生徒会活動を通して、望ましい人間関係を形成し、集団や社会の一員としてよりよい学校生活づくりに参画し、協力して諸問題を解決しようとする自主的、実践的な態度を育てる。
2　内容 　1の資質・能力を育成するため、学校の全生徒をもって組織する生徒会において、次の各活動を通して、それぞれの活動の意義及び活動を行う上で必要となることについて理解し、主体的に考えて実践できるよう指導する。	2　内容 　学校の全生徒をもって組織する生徒会において、学校生活の充実と向上を図る活動を行うこと。
(1)　生徒会の組織づくりと生徒会活動の計画や運営 　生徒が主体的に組織をつくり、役割を分担し、計画を立て、学校生活の課題を見いだし解決するために話し合い、合意形成を図り実践すること。	(1)　生徒会の計画や運営 (2)　異年齢集団による交流 (3)　生徒の諸活動についての連絡調整
(2)　学校行事への協力 　学校行事の特質に応じて、生徒会の組織を活用して、計画の一部を担当したり、運営に主体的に協力したりすること。	(4)　学校行事への協力
(3)　ボランティア活動などの社会参画 　地域や社会の課題を見いだし、具体的な対策を考え、実践し、地域や社会に参画できるようにすること。	(5)　ボランティア活動などの社会参加

現行（平成29年告示）	旧（平成20年告示・道徳改訂反映後）
〔学校行事〕	〔学校行事〕
1　目標 全校又は学年の生徒で協力し、よりよい学校生活を築くための体験的な活動を通して、集団への所属感や連帯感を深め、公共の精神を養いながら、第1の目標に掲げる資質・能力を育成することを目指す。	1　目標 学校行事を通して、望ましい人間関係を形成し、集団への所属感や連帯感を深め、公共の精神を養い、協力してよりよい学校生活を築こうとする自主的、実践的な態度を育てる。
2　内容 1の資質・能力を育成するため、全ての学年において、全校又は学年を単位として、次の各行事において、学校生活に秩序と変化を与え、学校生活の充実と発展に資する体験的な活動を行うことを通して、それぞれの学校行事の意義及び活動を行う上で必要となることについて理解し、主体的に考えて実践できるよう指導する。	2　内容 全校又は学年を単位として、学校生活に秩序と変化を与え、学校生活の充実と発展に資する体験的な活動を行うこと。
(1) 儀式的行事 学校生活に有意義な変化や折り目を付け、厳粛で清新な気分を味わい、新しい生活の展開への動機付けとなるようにすること。	(1) 儀式的行事 学校生活に有意義な変化や折り目を付け、厳粛で清新な気分を味わい、新しい生活の展開への動機付けとなるような活動を行うこと。
(2) 文化的行事 平素の学習活動の成果を発表し、自己の向上の意欲を一層高めたり、文化や芸術に親しんだりするようにすること。	(2) 文化的行事 平素の学習活動の成果を発表し、その向上の意欲を一層高めたり、文化や芸術に親しんだりするような活動を行うこと。
(3) 健康安全・体育的行事 心身の健全な発達や健康の保持増進、事件や事故、災害等から身を守る安全な行動や規律ある集団行動の体得、運動に親しむ態度の育成、責任感や連帯感の涵養、体力の向上などに資するようにすること。	(3) 健康安全・体育的行事 心身の健全な発達や健康の保持増進などについての理解を深め、安全な行動や規律ある集団行動の体得、運動に親しむ態度の育成、責任感や連帯感の涵養、体力の向上などに資するような活動を行うこと。
(4) 旅行・集団宿泊的行事 平素と異なる生活環境にあって、見聞を広め、自然や文化などに親しむとともに、よりよい人間関係を築くなどの集団生活の在り方や公衆道徳などについての体験を積むことができるよう	(4) 旅行・集団宿泊的行事 平素と異なる生活環境にあって、見聞を広め、自然や文化などに親しむとともに、集団生活の在り方や公衆道徳などについての望ましい体験を積むことができるような活動を行うこと。

<table>
<tr><th>現行（平成29年告示）</th><th>旧（平成20年告示・道徳改訂反映後）</th></tr>
<tr><td>にすること。
(5) 勤労生産・奉仕的行事
勤労の尊さや生産の喜びを体得し、職場体験活動などの勤労観・職業観に関わる啓発的な体験が得られるようにするとともに、共に助け合って生きることの喜びを体得し、ボランティア活動などの社会奉仕の精神を養う体験が得られるようにすること。</td><td>(5) 勤労生産・奉仕的行事
勤労の尊さや創造することの喜びを体得し、職場体験などの職業や進路にかかわる啓発的な体験が得られるようにするとともに、共に助け合って生きることの喜びを体得し、ボランティア活動などの社会奉仕の精神を養う体験が得られるような活動を行うこと。</td></tr>
<tr><td>3　内容の取扱い</td><td>（新設）</td></tr>
<tr><td>(1) 生徒や学校、地域の実態に応じて、2に示す行事の種類ごとに、行事及びその内容を重点化するとともに、各行事の趣旨を生かした上で、行事間の関連や統合を図るなど精選して実施すること。また、実施に当たっては、自然体験や社会体験などの体験活動を充実するとともに、体験活動を通して気付いたことなどを振り返り、まとめたり、発表し合ったりするなどの事後の活動を充実すること。</td><td>【第3　指導計画の作成と内容の取扱い　2(3) より移行】
(3)〔学校行事〕については、学校や地域及び生徒の実態に応じて、各種類ごとに、行事及びその内容を重点化するとともに、行事間の関連や統合を図るなど精選して実施すること。また、実施に当たっては、幼児、高齢者、障害のある人々などとの触れ合い、自然体験や社会体験などの体験活動を充実するとともに、体験活動を通して気付いたことなどを振り返り、まとめたり、発表し合ったりするなどの活動を充実するよう工夫すること。</td></tr>
<tr><td>第3　指導計画の作成と内容の取扱い
1　指導計画の作成に当たっては、次の事項に配慮するものとする。
(1) 特別活動の各活動及び学校行事を見通して、その中で育む資質・能力の育成に向けて、生徒の主体的・対話的で深い学びの実現を図るようにすること。その際、よりよい人間関係の形成、よりよい集団生活の構築や社会への参画及び自己実現に資するよう、生徒が集団や社会の形成者としての見方・考え方を働かせ、様々な集団活動に自主的、実践的に取り組む中で、互いのよさや個性、多様な考えを認め合い、等しく合意形成に関わり役割を担うようにす</td><td>第3　指導計画の作成と内容の取扱い
1　指導計画の作成に当たっては、次の事項に配慮するものとする。
（新設）</td></tr>
</table>

現行（平成29年告示）	旧（平成20年告示・道徳改訂反映後）
ることを重視すること。	
(2) 各学校においては特別活動の全体計画や各活動及び学校行事の年間指導計画を作成すること。その際、学校の創意工夫を生かし、学級や学校、地域の実態、生徒の発達の段階などを考慮するとともに、第２に示す内容相互及び各教科、道徳科、総合的な学習の時間などの指導との関連を図り、生徒による自主的、実践的な活動が助長されるようにすること。また、家庭や地域の人々との連携、社会教育施設等の活用などを工夫すること。	(1) 特別活動の全体計画や各活動・学校行事の年間指導計画の作成に当たっては、学校の創意工夫を生かすとともに、学校の実態や生徒の発達の段階などを考慮し、生徒による自主的、実践的な活動が助長されるようにすること。また、各教科、道徳科及び総合的な学習の時間などの指導との関連を図るとともに、家庭や地域の人々との連携、社会教育施設等の活用などを工夫すること。
(3) 学級活動における生徒の自発的、自治的な活動を中心として、各活動と学校行事を相互に関連付けながら、個々の生徒についての理解を深め、教師と生徒、生徒相互の信頼関係を育み、学級経営の充実を図ること。その際、特に、いじめの未然防止等を含めた生徒指導との関連を図るようにすること。	【２ (2) より移行】 (2)〔学級活動〕については、学校、生徒の実態及び第１章総則の第４の３の(2)に示す道徳教育の重点などを踏まえ、各学年において取り上げる指導内容の重点化を図るとともに、必要に応じて、内容間の関連や統合を図ったり、他の内容を加えたりすることができること。また、個々の生徒についての理解を深め、生徒との信頼関係を基礎に指導を行うとともに、生徒指導との関連を図るようにすること。
(4) 障害のある生徒などについては、学習活動を行う場合に生じる困難さに応じた指導内容や指導方法の工夫を計画的、組織的に行うこと。	（新設）
(5) 第１章総則の第１の２の(2)に示す道徳教育の目標に基づき、道徳科などとの関連を考慮しながら、第３章特別の教科道徳の第２に示す内容について、特別活動の特質に応じて適切な指導をすること。	(4) 第１章総則の第１の２に示す道徳教育の目標に基づき、道徳科などとの関連を考慮しながら、第３章特別の教科道徳の第２に示す内容について、特別活動の特質に応じて適切な指導をすること。
２　第２の内容の取扱いについては、次の事項に配慮するものとする。 (1) 学級活動及び生徒会活動の指導については、指導内容の特質に応じて、教	２　第２の内容の取扱いについては、次の事項に配慮するものとする。 (1)〔学級活動〕及び〔生徒会活動〕の指導については、指導内容の特質に応じ

現行（平成29年告示）	旧（平成20年告示・道徳改訂反映後）
師の適切な指導の下に、生徒の自発的、自治的な活動が効果的に展開されるようにすること。その際、よりよい生活を築くために自分たちできまりをつくって守る活動などを充実するよう工夫すること。	て、教師の適切な指導の下に、生徒の自発的、自治的な活動が効果的に展開されるようにするとともに、内容相互の関連を図るよう工夫すること。また、よりよい生活を築くために集団としての意見をまとめるなどの話合い活動や自分たちできまりをつくって守る活動、人間関係を形成する力を養う活動などを充実するよう工夫すること。
(2) 生徒及び学校の実態並びに第1章総則の第6の2に示す道徳教育の重点などを踏まえ、各学年において取り上げる指導内容の重点化を図るとともに、必要に応じて、内容間の関連や統合を図ったり、他の内容を加えたりることができること。	(2)〔学級活動〕については、学校、生徒の実態及び第1章総則の第4の3の(2)に示す道徳教育の重点などを踏まえ、各学年において取り上げる指導内容の重点化を図るとともに、必要に応じて、内容間の関連や統合を図ったり、他の内容を加えたりすることができること。また、個々の生徒についての理解を深め、生徒との信頼関係を基礎に指導を行うとともに、生徒指導との関連を図るようにすること。（再掲）
(3) 学校生活への適応や人間関係の形成、進路の選択などについては、主に集団の場面で必要な指導や援助を行うガイダンスと、個々の生徒の多様な実態を踏まえ、一人一人が抱える課題に個別に対応した指導を行うカウンセリング（教育相談を含む。）の双方の趣旨を踏まえて指導を行うこと。特に入学当初においては、個々の生徒が学校生活に適応するとともに、希望や目標をもって生活できるよう工夫すること。あわせて、生徒の家庭との連絡を密にすること。	(3) 学校生活への適応や人間関係の形成、進路の選択などの指導に当たっては、ガイダンスの機能を充実するよう〔学級活動〕等の指導を工夫すること。特に、中学校入学当初においては、個々の生徒が学校生活に適応するとともに、希望と目標をもって生活をできるよう工夫すること。 【1 (2) より移行】 (2) 生徒指導の機能を十分に生かすとともに、教育相談（進路相談を含む。）についても、生徒の家庭との連絡を密にし、適切に実施できるようにすること。
(4) 異年齢集団による交流を重視するとともに、幼児、高齢者、障害のある人々などとの交流や対話、障害のある幼児児童生徒との交流及び共同学習の機会を通して、協働することや、他者	(3)〔学校行事〕については、学校や地域及び生徒の実態に応じて、各種類ごとに、行事及びその内容を重点化するとともに、行事間の関連や統合を図るなど精選して実施すること。また、実施

現行（平成29年告示）	旧（平成20年告示・道徳改訂反映後）
の役に立ったり社会に貢献したりすることの喜びを得られる活動を充実すること。	に当たっては、幼児、高齢者、障害のある人々などとの触れ合い、自然体験や社会体験などの体験活動を充実するとともに、体験活動を通して気付いたことなどを振り返り、まとめたり、発表し合ったりするなどの活動を充実するよう工夫すること。（再掲）
3　入学式や卒業式などにおいては、その意義を踏まえ、国旗を掲揚するとともに、国歌を斉唱するよう指導するものとする。	3　入学式や卒業式などにおいては、その意義を踏まえ、国旗を掲揚するとともに、国歌を斉唱するよう指導するものとする。

高等学校学習指導要領比較対照表【特別活動】

現行（平成30年告示）	旧（平成21年告示）
第５章　特別活動	第５章　特別活動
第１　目標 集団や社会の形成者としての見方・考え方を働かせ、様々な集団活動に自主的、実践的に取り組み、互いのよさや可能性を発揮しながら集団や自己の生活上の課題を解決することを通して、次のとおり資質・能力を育成することを目指す。 (1) 多様な他者と協働する様々な集団活動の意義や活動を行う上で必要となることについて理解し、行動の仕方を身に付けるようにする。 (2) 集団や自己の生活、人間関係の課題を見いだし、解決するために話し合い、合意形成を図ったり、意思決定したりすることができるようにする。 (3) 自主的、実践的な集団活動を通して身に付けたことを生かして、主体的に集団や社会に参画し、生活及び人間関係をよりよく形成するとともに、人間としての在り方生き方についての自覚を深め、自己実現を図ろうとする態度を養う。	第１　目標 望ましい集団活動を通して、心身の調和のとれた発達と個性の伸長を図り、集団や社会の一員としてよりよい生活や人間関係を築こうとする自主的、実践的な態度を育てるとともに、人間としての在り方生き方についての自覚を深め、自己を生かす能力を養う。
第２　各活動・学校行事の目標及び内容 〔ホームルーム活動〕 １　目標 ホームルームや学校での生活をよりよくするための課題を見いだし、解決するために話し合い、合意形成し、役割を分担して協力して実践したり、ホームルームでの話合いを生かして自己の課題の解決及び将来の生き方を描くために意思決定して実践したりすることに、自主的、実践的に取り組むこ	第２　各活動・学校行事の目標及び内容 〔ホームルーム活動〕 １　目標 ホームルーム活動を通して、望ましい人間関係を形成し、集団の一員としてホームルームや学校におけるよりよい生活づくりに参画し、諸問題を解決しようとする自主的、実践的な態度や健全な生活態度を育てる。

現行（平成30年告示）	旧（平成21年告示）
とを通して、第１の目標に掲げる資質・能力を育成することを目指す。	
２　内容	２　内容
１の資質・能力を育成するため、全ての学年において、次の各活動を通して、それぞれの活動の意義及び活動を行う上で必要となることについて理解し、主体的に考えて実践できるよう指導する。	学校における生徒の基礎的な生活集団として編成したホームルームを単位として、ホームルームや学校の生活の充実と向上、生徒が当面する諸課題への対応に資する活動を行うこと。
(1) ホームルームや学校における生活づくりへの参画	(1) ホームルームや学校の生活づくり
ア　ホームルームや学校における生活上の諸問題の解決 ホームルームや学校における生活を向上・充実させるための課題を見いだし、解決するために話し合い、合意形成を図り、実践すること。	ア　ホームルームや学校における生活上の諸問題の解決
イ　ホームルーム内の組織づくりや役割の自覚 ホームルーム生活の充実や向上のため、生徒が主体的に組織をつくり、役割を自覚しながら仕事を分担して、協力し合い実践すること。	イ　ホームルーム内の組織づくりと自主的な活動
ウ　学校における多様な集団の生活の向上 生徒会などホームルームの枠を超えた多様な集団における活動や学校行事を通して学校生活の向上を図るため、ホームルームとしての提案や取組を話し合って決めること。	ウ　学校における多様な集団の生活の向上
(2) 日常の生活や学習への適応と自己の成長及び健康安全	(2) 適応と成長及び健康安全
ア　自他の個性の理解と尊重、よりよい人間関係の形成 自他の個性を理解して尊重し、互いのよさや可能性を発揮し、コミュニケーションを図りながらよりよい集団生活をつくること。	ア　青年期の悩みや課題とその解決 イ　自己及び他者の個性の理解と尊重 ウ　社会生活における役割の自覚と自己責任
イ　男女相互の理解と協力 男女相互について理解するとともに、共に協力し尊重し合い、充実し	エ　男女相互の理解と協力 オ　コミュニケーション能力の育成と人間関係の確立 カ　ボランティア活動の意義の理解と参画

現行（平成30年告示）	旧（平成21年告示）
た生活づくりに参画すること。 ウ 国際理解と国際交流の推進 我が国と他国の文化や生活習慣などについて理解し、よりよい交流の在り方を考えるなど、共に尊重し合い、主体的に国際社会に生きる日本人としての在り方生き方を探求しようとすること。 エ 青年期の悩みや課題とその解決 心や体に関する正しい理解を基に、適切な行動をとり、悩みや不安に向き合い乗り越えようとすること。 オ 生命の尊重と心身ともに健康で安全な生活態度や規律ある習慣の確立 節度ある健全な生活を送るなど現在及び生涯にわたって心身の健康を保持増進することや、事件や事故、災害等から身を守り安全に行動すること。	キ 国際理解と国際交流 ク 心身の健康と健全な生活態度や規律ある習慣の確立 ケ 生命の尊重と安全な生活態度や規律ある習慣の確立
(3) 一人一人のキャリア形成と自己実現 ア 学校生活と社会的・職業的自立の意義の理解 現在及び将来の生活や学習と自己実現とのつながりを考えたり、社会的・職業的自立の意義を意識したりしながら、学習の見通しを立て、振り返ること。 イ 主体的な学習態度の確立と学校図書館等の活用 自主的に学習する場としての学校図書館等を活用し、自分にふさわしい学習方法や学習習慣を身に付けること。 ウ 社会参画意識の醸成や勤労観・職業観の形成 社会の一員としての自覚や責任をもち、社会生活を営む上で必要なマナーやルール、働くことや社会に貢献することについて考えて行動すること。 エ 主体的な進路の選択決定と将来設	(3) 学業と進路 ア 学ぶことと働くことの意義の理解 イ 主体的な学習態度の確立と学校図書館の利用 ウ 教科・科目の適切な選択 エ 進路適性の理解と進路情報の活用 オ 望ましい勤労観・職業観の確立 カ 主体的な進路の選択決定と将来設計

現行（平成30年告示）	旧（平成21年告示）
計 適性やキャリア形成などを踏まえた教科・科目を選択することなどについて、目標をもって、在り方生き方や進路に関する適切な情報を収集・整理し、自己の個性や興味・関心と照らして考えること。	
3　内容の取扱い (1) 内容の (1) の指導に当たっては、集団としての意見をまとめる話合い活動など中学校の積み重ねや経験を生かし、それらを発展させることができるよう工夫すること。 (2) 内容の (3) の指導に当たっては、学校、家庭及び地域における学習や生活の見通しを立て、学んだことを振り返りながら、新たな学習や生活への意欲につなげたり、将来の在り方生き方を考えたりする活動を行うこと。その際、生徒が活動を記録し蓄積する教材等を活用すること。	（新設）
〔生徒会活動〕 1　目標 異年齢の生徒同士で協力し、学校生活の充実と向上を図るための諸問題の解決に向けて、計画を立て役割を分担し、協力して運営することに自主的、実践的に取り組むことを通して、第1の目標に掲げる資質・能力を育成することを目指す。	〔生徒会活動〕 1　目標 生徒会活動を通して、望ましい人間関係を形成し、集団や社会の一員としてよりよい学校生活づくりに参画し、協力して諸問題を解決しようとする自主的、実践的な態度を育てる。
2　内容 1の資質・能力を育成するため、学校の全生徒をもって組織する生徒会において、次の各活動を通して、それぞれの活動の意義及び活動を行う上で必要となることについて理解し、主体的に考えて実践できるよう指導する。 (1) 生徒会の組織づくりと生徒会活動の計画や運営 生徒が主体的に組織をつくり、役割	2　内容 学校の全生徒をもって組織する生徒会において、学校生活の充実と向上を図る活動を行うこと。 (1) 生徒会の計画や運営 (2) 異年齢集団による交流 (3) 生徒の諸活動についての連絡調整 (4) 学校行事への協力 (5) ボランティア活動などの社会参画

現行（平成30年告示）	旧（平成21年告示）
を分担し、計画を立て、学校生活の課題を見いだし解決するために話し合い、合意形成を図り実践すること。 (2) 学校行事への協力 学校行事の特質に応じて、生徒会の組織を活用して、計画の一部を担当したり、運営に主体的に協力したりすること。 (3) ボランティア活動などの社会参画 地域や社会の課題を見いだし、具体的な対策を考え、実践し、地域や社会に参画できるようにすること。	
〔学校行事〕 1　目標 全校若しくは学年又はそれらに準ずる集団で協力し、よりよい学校生活を築くための体験的な活動を通して、集団への所属感や連帯感を深め、公共の精神を養いながら、第1の目標に掲げる資質・能力を育成することを目指す。	〔学校行事〕 1　目標 学校行事を通して、望ましい人間関係を形成し、集団への所属感や連帯感を深め、公共の精神を養い、協力してよりよい学校生活や社会生活を築こうとする自主的、実践的な態度を育てる。
2　内容 1の資質・能力を育成するため、全校若しくは学年又はそれらに準ずる集団を単位として、次の各行事において、学校生活に秩序と変化を与え、学校生活の充実と発展に資する体験的な活動を行うことを通して、それぞれの学校行事の意義及び活動を行う上で必要となることについて理解し、主体的に考えて実践できるよう指導する。	2　内容 全校若しくは学年又はそれらに準ずる集団を単位として、学校生活に秩序と変化を与え、学校生活の充実と発展に資する体験的な活動を行うこと。
(1) 儀式的行事 学校生活に有意義な変化や折り目を付け、厳粛で清新な気分を味わい、新しい生活の展開への動機付けとなるようにすること。	(1) 儀式的行事 学校生活に有意義な変化や折り目を付け、厳粛で清新な気分を味わい、新しい生活の展開への動機付けとなるような活動を行うこと。
(2) 文化的行事 平素の学習活動の成果を発表し、自己の向上の意欲を一層高めたり、文化や芸術に親しんだりするようにすること。	(2) 文化的行事 平素の学習活動の成果を総合的に生かし、その向上の意欲を一層高めたり、文化や芸術に親しんだりするような活動を行うこと。
(3) 健康安全・体育的行事	(3) 健康安全・体育的行事

現行（平成30年告示）	旧（平成21年告示）
心身の健全な発達や健康の保持増進、事件や事故、災害等から身を守る安全な行動や規律ある集団行動の体得、運動に親しむ態度の育成、責任感や連帯感の涵養、体力の向上などに資するようにすること。	心身の健全な発達や健康の保持増進などについての理解を深め、安全な行動や規律ある集団行動の体得、運動に親しむ態度の育成、責任感や連帯感の涵養、体力の向上などに資するような活動を行うこと。
(4) 旅行・集団宿泊的行事 平素と異なる生活環境にあって、見聞を広め、自然や文化などに親しむとともに、よりよい人間関係を築くなどの集団生活の在り方や公衆道徳などについての体験を積むことができるようにすること。	(4) 旅行・集団宿泊的行事 平素と異なる生活環境にあって、見聞を広め、自然や文化などに親しむとともに、集団生活の在り方や公衆道徳などについての望ましい体験を積むことができるような活動を行うこと。
(5) 勤労生産・奉仕的行事 勤労の尊さや創造することの喜びを体得し、就業体験活動などの勤労観・職業観の形成や進路の選択決定などに資する体験が得られるようにするとともに、共に助け合って生きることの喜びを体得し、ボランティア活動などの社会奉仕の精神を養う体験が得られるようにすること。	(5) 勤労生産・奉仕的行事 勤労の尊さや創造することの喜びを体得し、就業体験などの職業観の形成や進路の選択決定などに資する体験が得られるようにするとともに、共に助け合って生きることの喜びを体得し、ボランティア活動などの社会奉仕の精神を養う体験が得られるような活動を行うこと。
3　内容の取扱い (1) 生徒や学校、地域の実態に応じて、内容に示す行事の種類ごとに、行事及びその内容を重点化するとともに、各行事の趣旨を生かした上で、行事間の関連や統合を図るなど精選して実施すること。また、実施に当たっては、自然体験や社会体験などの体験活動を充実するとともに、体験活動を通して気付いたことなどを振り返り、まとめたり、発表し合ったりするなどの事後の活動を充実すること。	【第3の2の（3）】 (3)〔学校行事〕については、学校や地域及び生徒の実態に応じて、各種類ごとに、行事及びその内容を重点化するとともに、入学から卒業までを見通して、行事間の関連や統合を図るなど精選して実施すること。また、実施に当たっては、幼児、高齢者、障害のある人々などとの触れ合い、自然体験や社会体験などの体験活動を充実するとともに、体験活動を通して気付いたことなどを振り返り、まとめたり、発表し合ったりするなどの活動を充実するよう工夫すること。
第3　指導計画の作成と内容の取扱い 1　指導計画の作成に当たっては、次の事項に配慮するものとする。	第3　指導計画の作成と内容の取扱い 1　指導計画の作成に当たっては、次の事項に配慮するものとする。

現行（平成30年告示）	旧（平成21年告示）
(1) 特別活動の各活動及び学校行事を見通して、その中で育む資質・能力の育成に向けて、生徒の主体的・対話的で深い学びの実現を図るようにすること。その際、よりよい人間関係の形成、よりよい集団生活の構築や社会への参画及び自己実現に資するよう、生徒が集団や社会の形成者としての見方・考え方を働かせ、様々な集団活動に自主的、実践的に取り組む中で、互いのよさや個性、多様な考えを認め合い、等しく合意形成に関わり役割を担うようにすることを重視すること。	（新設）
(2) 各学校においては、次の事項を踏まえて特別活動の全体計画や各活動及び学校行事の年間指導計画を作成すること。 ア　学校の創意工夫を生かし、ホームルームや学校、地域の実態、生徒の発達の段階などを考慮すること。 イ　第2に示す内容相互及び各教科・科目、総合的な探究の時間などの指導との関連を図り、生徒による自主的、実践的な活動が助長されるようにすること。特に社会において自立的に生きることができるようにするため、社会の一員としての自己の生き方を探求するなど、人間としての在り方生き方の指導が行われるようにすること。 ウ　家庭や地域の人々との連携、社会教育施設等の活用などを工夫すること。その際、ボランティア活動などの社会奉仕の精神を養う体験的な活動や就業体験活動などの勤労に関わる体験的な活動の機会をできるだけ取り入れること。	(1) 特別活動の全体計画や各活動・学校行事の年間指導計画の作成に当たっては、学校の創意工夫を生かすとともに、学校の実態や生徒の発達の段階及び特性等を考慮し、生徒による自主的、実践的な活動が助長されるようにすること。また、各教科・科目や総合的な学習の時間などの指導との関連を図るとともに、家庭や地域の人々との連携、社会教育施設等の活用などを工夫すること。その際、ボランティア活動などの社会奉仕の精神を養う体験的な活動や就業体験などの勤労にかかわる体験的な活動の機会をできるだけ取り入れること。 (4)〔ホームルーム活動〕を中心として特別活動の全体を通じて、特に社会において自立的に生きることができるようにするため、社会の一員としての自己の生き方を探求するなど、人間としての在り方生き方の指導が行われるようにすること。その際、他の教科、特に公民科や総合的な学習の時間との関連を図ること。
(3) ホームルーム活動における生徒の自発的、自治的な活動を中心として、各活動と学校行事を相互に関連付けながら、個々の生徒についての理解を深め、	**【第3の2の (2)】** (2)〔ホームルーム活動〕及び〔生徒会活動〕については、学校や地域及び生徒の実態に応じて、取り上げる指導内容の重点化を図るとともに、入学から卒

現行（平成30年告示）	旧（平成21年告示）
教師と生徒、生徒相互の信頼関係を育み、ホームルーム経営の充実を図ること。その際、特に、いじめの未然防止等を含めた生徒指導との関連を図るようにすること。	業までを見通して、必要に応じて内容間の関連や統合を図ったり、他の内容を加えたりすることができること。また、〔ホームルーム活動〕については、個々の生徒についての理解を深め、生徒との信頼関係を基礎に指導を行うとともに、生徒指導との関連を図るようにすること。
(4) 障害のある生徒などについては、学習活動を行う場合に生じる困難さに応じた指導内容や指導方法の工夫を計画的、組織的に行うこと。	（新設）
(5) 第1章第1款の2の(2)に示す道徳教育の目標に基づき、特別活動の特質に応じて適切な指導をすること。	（新設）
(6) ホームルーム活動については、主としてホームルームごとにホームルーム担任の教師が指導することを原則とし、活動の内容によっては他の教師などの協力を得ることとする。	【第3の4】 〔ホームルーム活動〕については、主としてホームルームごとにホームルーム担任の教師が指導することを原則とし、活動の内容によっては他の教師などの協力を得ることとする。
2　内容の取扱いに当たっては、次の事項に配慮するものとする。	2　第2の内容の取扱いについては、次の事項に配慮するものとする。
(1) ホームルーム活動及び生徒会活動の指導については、指導内容の特質に応じて、教師の適切な指導の下に、生徒の自発的、自治的な活動が効果的に展開されるようにすること。その際、よりよい生活を築くために自分たちできまりをつくって守る活動などを充実するよう工夫すること。	(1)〔ホームルーム活動〕及び〔生徒会活動〕の指導については、指導内容の特質に応じて、教師の適切な指導の下に、生徒の自発的、自治的な活動が効果的に展開されるようにするとともに、内容相互の関連を図るよう工夫すること。また、よりよい生活を築くために集団としての意見をまとめるなどの話合い活動や自分たちできまりをつくって守る活動、人間関係を形成する力を養う活動などを充実するよう工夫すること。
(2) 生徒及び学校の実態並びに第1章第7款の1に示す道徳教育の重点などを踏まえ、各学年において取り上げる指導内容の重点化を図るとともに、必要に応じて、内容間の関連や統合を図ったり、他の内容を加えたりすることが	(2)〔ホームルーム活動〕及び〔生徒会活動〕については、学校や地域及び生徒の実態に応じて、取り上げる指導内容の重点化を図るとともに、入学から卒業までを見通して、必要に応じて内容間の関連や統合を図ったり、他の内容

現行（平成30年告示）	旧（平成21年告示）
できること。	を加えたりすることができること。また、〔ホームルーム活動〕については、個々の生徒についての理解を深め、生徒との信頼関係を基礎に指導を行うとともに、生徒指導との関連を図るようにすること。
(3) 学校生活への適応や人間関係の形成、教科・科目や進路の選択などについては、主に集団の場面で必要な指導や援助を行うガイダンスと、個々の生徒の多様な実態を踏まえ、一人一人が抱える課題に個別に対応した指導を行うカウンセリング（教育相談を含む。）の双方の趣旨を踏まえて指導を行うこと。特に入学当初においては、個々の生徒が学校生活に適応するとともに、希望や目標をもって生活をできるよう工夫すること。あわせて、生徒の家庭との連絡を密にすること。	【第3の1の (3)】 (3) 学校生活への適応や人間関係の形成、教科・科目や進路の選択などの指導に当たっては、ガイダンスの機能を充実するよう〔ホームルーム活動〕等の指導を工夫すること。特に、高等学校入学当初においては、個々の生徒が学校生活に適応するとともに、希望と目標をもって生活をできるよう工夫すること。 【第3の1の (2)】 (2) 生徒指導の機能を十分に生かすとともに、教育相談（進路相談を含む。）についても、生徒の家庭との連絡を密にし、適切に実施できるようにすること。
(4) 異年齢集団による交流を重視するとともに、幼児、高齢者、障害のある人々などとの交流や対話、障害のある幼児児童生徒との交流及び共同学習の機会を通して、協働することや、他者の役に立ったり社会に貢献したりすることの喜びを得られる活動を充実すること。	(3)〔学校行事〕については、学校や地域及び生徒の実態に応じて、各種類ごとに、行事及びその内容を重点化するとともに、入学から卒業までを見通して、行事間の関連や統合を図るなど精選して実施すること。また、実施に当たっては、幼児、高齢者、障害のある人々などとの触れ合い、自然体験や社会体験などの体験活動を充実するとともに、体験活動を通して気付いたことなどを振り返り、まとめたり、発表し合ったりするなどの活動を充実するよう工夫すること。
(5) 特別活動の一環として学校給食を実施する場合には、食育の観点を踏まえた適切な指導を行うこと。	(4) 特別活動の一環として学校給食を実施する場合には、食育の観点を踏まえた適切な指導を行うこと。
3　入学式や卒業式などにおいては、その意義を踏まえ、国旗を掲揚するとともに、国歌を斉唱するよう指導するものとする。	3　入学式や卒業式などにおいては、その意義を踏まえ、国旗を掲揚するとともに、国歌を斉唱するよう指導するものとする。

おわりに

新しい学力、21 世紀型学力という声の高まりとともに、各教科及び領域の目標や内容に関する見直しが焦眉の急を告げています。新しい教科領域も加わり、日本の教育は変革期を迎えています。

文部科学省は、次の時代に求められる資質・能力の枠組みとして、「基礎力」「思考力」「実践力」を掲げています。これまで日本の学校教育が培ってきたものを踏まえながら、再構成した日本型資質・能力の枠組みを提案したということです。問題解決のための思考力を中核とし、それを基礎力が支え、自律的で人間関係を大切にしながら実践していく、という方向性を志向しているのです。

実はこうした学力観に応える領域として、特別活動の目標や内容は設定されてきたのではないか、21 世紀型能力の求める姿こそ特別活動の目的とするべきものなのではないかと、筆者らは考えています。

集団での活動を通して、個人の成長を果たし、他者とかかわりながら自然や環境、社会とも主体的に結び合おうとする人間像。それこそが 21 世紀型能力として求められ、特別活動が目指す姿なのです。

本書は、学習指導要領に依拠しながら特別活動について講ずるとともに、実践事例を豊富に取り入れて、教育現場及び大学や大学院、教職大学院などの教員や教員養成課程に関係する人たちに、特別活動の魅力と可能性を提案することを目指して編まれています。

明日の授業に、明日からの教育に活用されることを著者一同願ってやみません。

令和３年３月

上越教育大学大学院　高橋　知己
著 者 一 同

■著者紹介

高橋　知己（たかはし　ともみ）　編著
第４章・第５章・第６章１～３・第８章
第10章２・おわりに
上越教育大学いじめ・生徒指導研究研修センター長／大学院教授

原田 恵理子（はらだ　えりこ）　編著
はじめに・第９章・第10章１・３・４
東京情報大学総合情報学部総合情報学科／教職課程教授

森山　賢一（もりやま　けんいち）　編著
第１章・第２章・第３章
玉川大学教師教育リサーチセンターリサーチフェロー
玉川大学大学院教育学研究科教授
東京情報大学客員教授
独立行政法人教職員支援機構特任フェロー

富樫　春人（とがし　はるひと）　第６章４～６・第７章
千葉大学教育学部非常勤講師
東京情報大学総合情報学部非常勤講師
千葉県スクールカウンセラー

基礎基本シリーズ ③
最新 特別活動論　第3版

2016年10月20日　初　版第1刷発行
2019年５月10日　改訂版第1刷発行
2021年５月30日　第３版第1刷発行
2024年４月１日　第３版第２刷発行

■編 著 者―― 高橋知己・原田恵理子・森山賢一
■発 行 者―― 佐藤　守
■発 行 所―― 株式会社 大学教育出版
〒700－0953　岡山市南区西市855－4
電話(086)244－1268(代)　FAX(086)246－0294
■Ｄ Ｔ Ｐ―― 難波田見子
■印刷製本―― モリモト印刷(株)

ISBN978－4－86692－108－2

シリーズ紹介

基礎基本シリーズ①『**最新　生徒指導論　改訂版**』

生徒指導の目的、子どもの問題行動への対応及び学校・家庭・地域社会等の連携の在り方など、生徒指導にかかわる基礎理論について、2022年12月改訂の「生徒指導提要」を踏まえてまとめたテキスト。

定価：1,800円＋税　ISBN：978-4-86692-285-0　2024年4月刊行予定

基礎基本シリーズ②『**最新　進路指導論**』

キャリア発達・自己実現を目指す進路指導に関する基礎的基本的な事柄を取り上げ、その基礎基本を理解した上で教師としての指導観や実践力を培うためのテキスト。

定価：1,500円＋税　ISBN：978-4-86429-377-8　2015年3月刊行

基礎基本シリーズ④『**教員の在り方と資質向上**』

教職の意義及び教員の役割・職務内容の観点から、基礎的基本的な事柄を取り上げた、教職を目指す学生や教師力を高めたい現役の教師のためのテキスト。

定価：1,500円＋税　ISBN：978-4-86429-529-1　2018年8月刊行

基礎基本シリーズ⑤『**最新　総合的な学習（探究）の時間**』

総合的な学習（探究）の時間の基本について、共通性と連続性、及び一部異なる特性を解説し、児童生徒に求められる資質・能力を養うための実践を目指すテキスト。

定価：1,500円＋税　ISBN：978-4-86692-109-9　2021年6月刊行

基礎基本シリーズ⑥『**教育心理学**』

言語力からみた学びを軸に、学ぶ主体者である児童生徒と教える側の教員の視点をおさえる構成で、文部科学省による「令和の日本型学校教育」が示す教育に活かすことができる内容となっているテキスト。

定価：2,000円＋税　ISBN：978-4-86692-225-6　2022年10月刊行